Como falar para seu filho ouvir
e
como ouvir para seu filho falar

Dados Internacionais de Catalogação na Publicação (CIP)
(Câmara Brasileira do Livro, SP, Brasil)

Faber, Adele
Como falar para seu filho ouvir e como ouvir para seu filho falar / Adele Faber, Elaine Mazlish [ilustrações: Kimberly Ann Coe; tradução: Adri Dayan, Dina Azrak, Elisabeth C. Wajnryt]. São Paulo: Summus, 2003.

Título original: How to talk so kids will listen & listen so kids will talk.
Bibliografia.
ISBN 978-85-323-0779-8

1. Comunicação interpessoal 2. Educação de crianças 3. Pais e filhos 4. Psicologia infantil I. Mazlish, Elaine II. Coe, Kimberly Ann III. Título.

03-200   CDD-649.1

Índice para catálogo sistemático:

1. Crianças: Educação: Vida familiar 649.1

Compre em lugar de fotocopiar.
Cada real que você dá por um livro recompensa seus autores
e os convida a produzir mais sobre o tema;
incentiva seus editores a encomendar, traduzir e publicar
outras obras sobre o assunto;
e paga aos livreiros por estocar e levar até você livros
para a sua informação e o seu entretenimento.
Cada real que você dá pela fotocópia não autorizada de um livro
financia o crime
e ajuda a matar a produção intelectual de seu país.

Como falar para seu filho ouvir
e
como ouvir para seu filho falar

ADELE FABER
ELAINE MAZLISH

Do original em língua inglesa
HOW TO TALK SO KIDS WILL LISTEN & LISTEN SO KIDS WILL TALK
Copyright © 1986 by Adele Faber e Elaine Mazlish
Direitos para a língua portuguesa adquiridos por Summus Editorial
Tradução: **Adri Dayan, Dina Azrak e Elisabeth C. Wajnryt**
Ilustração: **Kimberly Ann Coe**
Capa: **Ana Lima**
Editoração: **All Print**

12ª reimpressão, 2024

Summus Editorial
Departamento editorial
Rua Itapicuru, 613 – 7º andar
05006-000 – São Paulo – SP
Fone: (11) 3872-3322
http://www.summus.com.br
e-mail: summus@summus.com.br

Atendimento ao consumidor
Summus Editorial
Fone: (11) 3865-9890

Vendas por atacado
Fone: (11) 3873-8638
e-mail: vendas@summus.com.br

Impresso no Brasil

Agradecimentos

A Leslie Faber e Robert Mazlish, nossos consultores em domicílio, que sempre estiveram disponíveis para nós – com uma frase melhor, um novo pensamento, uma palavra de encorajamento.

A Carl, Joanna e Abram Faber, a Kathy, Liz e John Mazlish, que nos alegraram simplesmente por serem quem são.

A Kathy Menninger, que datilografou nosso manuscrito com muita atenção aos detalhes.

A Kimberly Coe, que retirou nossos desenhos e nossas instruções rabiscadas e nos devolveu desenhos de pais e filhos pelos quais sentimos afeição imediata.

A Robert Markel pelo apoio e pela orientação em um momento crítico.

A Gerard Nierenberg, amigo e conselheiro, que ofereceu generosamente sua experiência e seu conhecimento.

Aos pais em nossos encontros, por suas contribuições escritas e por serem nossos críticos mais severos.

A Ann Marie Geiger e Patricia King, por terem se dedicado tanto quando precisamos delas.

A Jim Wade, nosso editor, cujo bom humor constante e preocupação por qualidade tornaram um prazer trabalhar com ele. Ao dr. Haim Ginott, que nos apresentou aos novos modos de comunicação com as crianças. Quando ele faleceu, as crianças do mundo perderam um grande campeão. Ele se preocupava muito quanto a "não haver mais arranhões em suas almas".

Sumário

Carta ao leitor 9
Como ler e usar este livro 13
Prefácio 15
1. Ajudando os filhos a lidar com seus sentimentos 19
2. Incentivando a cooperação 67
3. Alternativas ao castigo 109
4. Incentivando a autonomia 159
5. Elogio 195
6. Liberando as crianças do desempenho de papéis 225
7. Uma síntese 253
   Vinte anos depois 261
   I. As cartas 267
   II. Sim, mas... E se... Como?... 285
   III. Sua língua materna 299
Sobre as autoras 307
Questionário 309

Carta ao leitor

Querido leitor,

A última coisa que tínhamos imaginado era que escreveríamos um livro de auto-ajuda em habilidades de comunicação para pais. O relacionamento entre cada pai e filho é um assunto muito pessoal e privado. A idéia de dar a uma pessoa instruções de como falar em um relacionamento tão próximo simplesmente não nos parecia correta. Em nosso primeiro livro, *Pais liberados/filhos liberados*, tentamos não ensinar ou fazer pregações. Tínhamos uma história a contar. Nossos anos de encontros com o falecido psicólogo infantil dr. Haim Ginott afetaram profundamente nossas vidas. Tínhamos a certeza de que se contássemos como nossas novas habilidades tinham mudado a forma como tratávamos nossos filhos, e a nós mesmas, nossos leitores assimilariam o espírito por trás das habilidades e se inspirariam a improvisar sozinhos.

E, de certo modo, foi assim. Muitos pais nos escreveram com orgulho do que conseguiram realizar em suas casas só por terem lido sobre nossas experiências. Mas houve outras cartas e nelas um apelo em comum. Queriam um segundo livro – com "lições", "exercícios práticos", "dicas", "lembretes", algum tipo de material que as ajudassem a aprender as habilidades "passo a passo".

Chegamos a considerar a idéia seriamente por um tempo, mas nossa resistência inicial retornou e engavetamos a idéia. Além disso, estávamos ocupadas demais nos concentrando nas palestras e nos encontros que preparávamos para nossas viagens de apresentação do trabalho.

Nos anos seguintes atravessamos os Estados Unidos conduzindo encontros para pais, professores, diretores de escola, pessoal de hospitais, adolescentes e funcionários de creches. Onde quer que fôssemos, as pessoas compartilhavam conosco suas experiências pessoais com esses novos métodos de comunicação – suas dúvidas, suas frustrações e seu entusiasmo. Nós lhes fomos gratas por sua franqueza e aprendemos de todos. Nossos arquivos estavam transportando material novo e interessantíssimo.

Enquanto isso, a correspondência continuava a chegar, não só dos Estados Unidos, como da França, Canadá, Israel, Nova Zelândia, Filipinas, Índia. A sra. Anagha Ganpule, de Nova Delhi, escreveu:

"Há tantos problemas sobre os quais eu gostaria de receber seus conselhos. Por favor, digam-me o que posso fazer para estudar esse assunto em profundidade. Estou sem saída. As formas antigas não me servem, e não tenho as habilidades novas. Por favor, ajudem-me a superar isso".

Essa foi a carta decisiva.

Começamos a pensar novamente na possibilidade de escrever um livro que mostrasse "como". Quanto mais falávamos sobre ele, ficávamos mais à vontade com a idéia. Por que não um livro de "auto-ajuda" com exercícios para que os pais pudessem aprender as habilidades que queriam saber?

Por que não um livro que desse aos pais a chance de praticar o que tinham aprendido em seu ritmo próprio – sozinhos ou com um companheiro?

Por que não um livro com centenas de exemplos de diálogos úteis para que os pais pudessem adaptar essa nova linguagem a seu estilo pessoal?

A obra poderia ter quadrinhos que mostrassem as habilidades em ação, de modo que um pai pudesse dar uma olhada no desenho e recordar-se do *workshop*. Tornaríamos o livro pessoal. Falaríamos de nossas próprias experiências, responderíamos às questões mais freqüentes e incluiríamos as histórias e os novos *insights* que os pais compartilharam conosco em nossos grupos nos seis anos anteriores. Mas o mais importante é que manteríamos sempre em mente nosso maior objetivo – a busca constante dos métodos que afirmam a dignidade e humanidade de ambos, pais e filhos.

Repentinamente nosso desconforto inicial sobre escrever um livro de "auto-ajuda" desapareceu. Qualquer outra arte ou ciência tem seu livro de técnicas. Por que não um livro para pais que querem aprender a falar para que seus filhos ouçam e aprender a ouvir para que seus filhos falem?

Assim que decidimos, começamos a escrever rapidamente. Queríamos mandar um exemplar para a sra. Ganpule, de Nova Delhi, antes que seus filhos crescessem.

Adele Faber
Elaine Mazlish

Como ler e usar este livro

Parece-nos pretensioso dizer a alguém como ler uma obra (particularmente quando nós duas costumamos começar um livro pelo meio, ou lemos até mesmo de trás para a frente). Mas, já que este é nosso livro, gostaríamos de lhe dizer como achamos que ele deve ser. Depois que você der uma folheada e olhar os quadrinhos, comece com o capítulo 1. Faça realmente os exercícios conforme avançar. Resista à tentação de pular os exercícios e chegar nas "partes boas". Se tem um amigo compatível com quem fazer os exercícios, melhor. Esperamos que vocês conversem, argumentem e discutam suas respostas com atenção.

Também esperamos que anote suas respostas para que esse livro se torne um registro pessoal para você. Escreva claro ou ilegível, mude de idéia, risque ou apague, porém escreva.

Leia o livro lentamente.

Para nós foram necessários mais de dez anos para aprender as idéias contidas nele. Não sugerimos que você gaste tanto tempo assim para lê-lo, mas se os métodos apresentados aqui lhe fazem sentido, você pode querer fazer algumas mudanças e é mais fácil mudar um pouco de cada vez do que tudo junto. Após ler um capítulo, deixe o livro de lado e conceda a si mesmo uma semana para fazer a lição de casa, antes de prosseguir. (Você pode estar pensando: "Com tudo o mais que eu tenho de fazer, a última coisa de que eu preciso é lição de casa!". No entanto, a experiência nos diz que a disciplina de ter de colocar as técnicas em ação e registrar os resultados ajuda a colocá-las em seu devido lugar – dentro de você.)

Finalmente, uma observação sobre os pronomes. Tentamos evitar o incômodo "ele/ela, dele/dela", alternando aleatoriamente entre o uso do gênero masculino e feminino. Esperamos não ter nenhum sexo.

Você pode também estar se perguntando por que algumas partes deste livro, que foi escrito por duas pessoas, é narrado do ponto de vista de apenas uma. Foi a nossa forma de solucionar o problema incômodo de constantemente ter de identificar quem estava falando sobre a experiência de quem. Pareceu-nos que ficava melhor que "eu, Adele Faber" ou "eu, Elaine Mazlish".

Quanto à nossa convicção do valor das idéias nesta obra, falamos em uníssono. Ambas constatamos esses métodos de comunicação na prática, com nossas próprias famílias e com milhares de outras. É um grande prazer para nós compartilhá-las agora com você.

Prefácio

O que todos os pais querem para seus filhos? Provavelmente, que se tornem pessoas fortes, humanas e sejam felizes.

Falar é fácil. Transformar este objetivo em habilidades muito práticas e eficientes é a "mágica" que Adele Faber e Elaine Mazlish conseguem neste livro: como ouvir seu filho; como aceitar seus sentimentos negativos; como conseguir a sua cooperação; quais as alternativas possíveis e educativas ao castigo; como estimular a autonomia e a responsabilidade; como elogiá-los de maneira construtiva e, finalmente, como tirá-los de rótulos estabelecidos.

Quanta coisa! E sabemos que não é fácil!

Mudar atitudes é como aprender uma nova linguagem. É conhecer outro caminho, outro jeito para lidar com as diferentes situações familiares. Os pais mais bem-intencionados percebem que, muitas vezes, a fala automática – aquela que usamos sem pensar com nossos filhos – acaba levando sem querer a conflitos, sem entendermos por quê! Pais, não desanimem!! Mudar hábitos é possível!

Às vezes, lemos algo que nos propõe uma mudança e pensamos que é algo muito idealizado e longínquo em relação a nossa própria realidade.

Somos psicólogas e trabalhamos há vários anos nas áreas clínica e educacional, com especialização em orientação de pais e autoestima. No decorrer dos atendimentos percebemos que muitos pais têm dificuldade em comunicar-se com seus filhos de maneira construtiva. Procurávamos entre os vários livros de educação excelentes aquele que ajudasse os pais a colocar suas boas intenções em prática, nos intermináveis desafios do cotidiano. *Como falar para seu filho ouvir e como ouvir para seu filho falar* nos chamou a atenção e se mostrou muito efetivo nas indicações que fizemos.

O que será que o torna tão especial e diferente? As autoras oferecem meios para construir a auto-estima nos filhos, positiva e realista, preservando a dos pais. E achamos este aspecto imprescindível. Uma criança com boa auto-estima tem mais confiança em si, estabelece metas e objetivos elevados, esforça-se para atingi-los e consegue enfrentar com maior tranqüilidade os aspectos difíceis em sua vida.

Ao adotar *Como falar para seu filho ouvir* em nossa clínica, conseguimos perceber a importância destas habilidades, como e por que elas funcionam: elas partem de um princípio fundamental: RESPEITO (pelos filhos e principalmente pelos pais). Quando nos encontramos com Adele Faber e Elaine Mazlish, tivemos mais uma surpresa: são mulheres formidáveis, afáveis, criativas, cheias de vida, que acreditam no que falam e vivenciam tudo o que escrevem. Elas são a personificação do "FAÇA O QUE EU DIGO, FAÇA O QUE EU FAÇO!".

Também o aplicamos em nossas casas e adoramos o resultado. Assim como muitos de vocês, já usávamos algumas habilidades, mas ainda não tínhamos percebido conscientemente a sua importância, e estas foram reforçadas. Outras, aprendemos e passamos a utilizar em nosso dia-a-dia.

Nossas famílias agradecem! Passamos pela infância e adolescência de nossos filhos com um relacionamento próximo, amoroso e alegre, e podemos, pais e filhos juntos, encontrar soluções satisfatórias aos desafios que surgem.

Nossos cursos baseados no *workshop* "Como falar para seu filho ouvir" têm recebido um ótimo *feedback* de outras mães. Além de divertidos e dinâmicos, oferecem dicas práticas de atitudes e comunicação, e criam um ambiente agradável para compartilhar experiências. O importante é lembrar das habilidades propostas e utilizá-las. Mesmo que às vezes vocês não consigam aplicá-las, os filhos sempre criam novas situações para que vocês tenham a oportunidade de usá-las. E, pouco a pouco, vocês perceberão uma mudança no cenário afetivo de sua casa. Junto com o livro, nossos cursos reforçam este novo caminho, para ser trilhado pelo resto da vida. O benefício é sentir a família unida, num clima de crescimento e tranqüilidade.

Como falar para seu filho ouvir e como ouvir para seu filho falar é muito sério e profundo, resgatando valores humanos básicos que todos estamos procurando: respeito, amor, limites, compreensão, cooperação, autonomia, empatia, alegria, honestidade, iniciativa e perseverança.

Escolhido e adotado em inúmeras universidades, instituições de prevenção e tratamento contra drogas e violência doméstica, programas de assistência à família, escolas de pais, com muito sucesso (mais de 2 milhões de exemplares vendidos nos Estados Unidos) o seu reconhecimento mundial (afinal, já foi traduzido para outros 18 idiomas!) é totalmente merecido. Ele oferece realmente os instrumentos que os pais procuram. Esperamos que você também encontre respostas às suas indagações, desfrute a leitura e aproveite o novo saber para sentir-se bem consigo mesmo e com aqueles que você ama.

Como falar para seu filho ouvir e como ouvir para seu filho falar é um livro inteligente e sensível para pessoas inteligentes e sensíveis.

Agradecemos a honra de tê-lo traduzido. Parabéns à Summus Editorial por estar com as "antenas" ligadas para a qualidade e oportunidade de ajudar os pais a criar filhos mais felizes, fortes e saudáveis emocionalmente.

Adri Dayan, Dina Azrak e Elisabeth C. Wajnryt

1 Ajudando os filhos a lidar com seus sentimentos

Parte I

Eu era uma mãe maravilhosa antes de ter filhos. Uma especialista no assunto ao ajudar os pais com os problemas enfrentados com seus filhos. Aí tive os meus três filhos.

Conviver com crianças de verdade nos torna humildes. Toda manhã eu dizia a mim mesma: "Hoje vai ser diferente", e cada manhã era uma variação da anterior.

"Você deu mais pra ela do que pra mim..."
"Esse é o copo rosa. Eu quero o azul..."
"Esse cereal parece resto..."
"Ele me empurrou..."
"Eu não toquei nele..."
"Eu não vou para o quarto. Não é você que manda!"

Eles, finalmente, me venceram. E, embora fosse a última coisa que eu sonhara fazer, entrei para um grupo de pais. O grupo se reunia em um centro de orientação infantil local e era dirigido por um jovem psicólogo, o dr. Haim Ginott.

O encontro foi intrigante. O assunto era "os sentimentos das crianças", e as horas voaram. Cheguei em casa com a cabeça fervilhando com novos pensamentos e um caderno cheio de idéias não digeridas:

19

- A conexão direta entre o modo de as crianças sentirem e o modo de se comportarem.
- Quando as crianças se sentem bem, se comportam bem.
- Como as ajudamos a sentir-se bem?
- Aceitando seus sentimentos!

PROBLEMA – Os pais geralmente não aceitam os sentimentos dos filhos; por exemplo:

"Você não está sentindo isso de verdade."

"Você só está dizendo isso porque está cansado."

"Não há motivo para ficar tão chateado."

A contínua negação de sentimentos pode deixar as crianças confusas e irritadas. Também as ensina a não saber quais são seus sentimentos – e a não confiar neles.

Depois da sessão, lembro-me de ter pensado: "Talvez os outros pais façam assim. Eu não". Então comecei a ouvir a mim mesma. Eis alguns exemplos de conversas de um único dia em minha casa.

FILHO: Mãe, estou cansado!

EU: Você não pode estar! Acabou de tirar uma soneca!

FILHO: (*mais alto*) Estou cansado!

EU: Você não está cansado, só sonolento, vá se vestir!

FILHO: (*resmungando*) Não! Estou cansado!

FILHA: Mãe, estou com calor.

EU: Está frio, fique agasalhada.

FILHA: Não! Estou com calor!

EU: Eu já disse: fique agasalhada!

FILHA: Não! Estou com calor!

FILHO: Esse programa de TV foi chato!

EU: Não, foi muito interessante.

FILHO: Foi bobo!

EU: Foi educativo.

FILHO: Foi uma droga!

EU: Não fale assim!

Percebem o que acontecia? Além de as nossas conversas se transformarem em discussões, eu acabava sempre dizendo aos meus filhos repetidas vezes para não confiar em suas próprias percepções, e sim nas minhas.

Assim me conscientizei do que eu estava fazendo. Decidi então mudar. Mas não sabia como fazê-lo. O que finalmente acabou por me ajudar foi colocar-me no lugar dos meus filhos. Comecei por perguntar-me: "Suponha que eu fosse uma criança cansada, com calor ou com sono, e quisesse que aqueles adultos entendessem meus sentimentos. Como seria?".

Nas semanas seguintes, tentei conectar-me aos sentimentos que eu imaginava que meus filhos estariam experenciando; e, quando o fiz, parecia que minhas palavras saíam naturalmente. Eu não estava usando somente uma técnica. Pensava de fato assim quando dizia: "Então, você ainda está sentindo cansaço, mesmo depois de tirar uma soneca!" ou "Hum, eu estou com frio, mas acho que para você está quente", ou "Vejo que você não gostou desse programa". De qualquer modo, éramos duas pessoas, diferentes uma da outra, capazes de ter dois tipos de sensações. Nenhum de nós estava certo ou errado. Cada um tem a sua própria maneira de sentir.

Por algum tempo essa nova habilidade foi de grande ajuda. Houve uma notável redução no número de argumentos entre mim e as crianças. Então um dia minha filha esbravejou: "Eu odeio minha avó!", e era da *minha mãe* que ela estava falando. Não hesitei um minuto. "Isto é uma coisa horrível de se dizer!", eu falei repreendendo-a. "Você sabe que não quis dizer isso. Eu nunca mais quero ouvir uma coisa dessas saindo da sua boca!".

Essa pequena conversa me ensinou algo mais sobre mim mesma. Eu me tornara bem mais capaz de aceitar a maioria dos sentimentos dos meus filhos, mas quando um deles me dizia algo que me deixava ansiosa ou com raiva eu voltava ao meu jeito de antes.

Também aprendi que a minha reação não era incomum. Nas próximas páginas você encontrará exemplos de outras declarações das crianças, que levam os pais a negar os sentimentos dos filhos, automaticamente. Gostaria que o leitor lesse cada declaração e anotasse o que acha que um pai diria se ele negasse os sentimentos de seu filho.

1. FILHO: Eu não gosto do bebê.

PAI/MÃE: (*negando o sentimento*) _____

2. FILHO: Minha festa de aniversário foi uma droga. (Depois que você trabalhou duro para transformá-lo em um dia maravilhoso.)

PAI/MÃE: (*negando o sentimento*) _____

3. FILHO: Meu aparelho está me machucando. Não vou usá-lo mais. Não me interessa o que o ortodontista disse!

PAI/MÃE: (*negando o sentimento*) _____

4. FILHO: Estou louco de raiva! Só porque eu me atrasei dois minutos para a ginástica, o professor me expulsou do time.

PAI/MÃE: (*negando o sentimento*) _____

Você escreveu respostas do tipo:

"Não é assim. Eu sei que no fundo do seu coração você realmente adora o nenê."

"Do que você está falando? Você teve uma festa maravilhosa – sorvete, bolo de aniversário, balões. Bom, esta foi a última festa que você teve!"

"Seu aparelho não pode machucar tanto. Depois de todo dinheiro que eu gastei na sua boca, você vai usar, quer goste ou não!"

"Você não tem o direito de ficar zangado com o professor. A culpa é sua, você deveria ter chegado na hora."

De algum modo, essa fala é fácil para muitos de nós. Mas como as crianças se sentem quando a ouvem? Para se ter uma idéia de como é ter os próprios sentimentos desconsiderados, tente o seguinte exercício de imaginação.

Você está no trabalho e seu chefe pede que você faça um serviço extra. Ele o quer pronto até o final do dia, e você pensou em fazê-lo imediatamente. Mas, por causa de uma série de imprevistos, você se esqueceu completamente; as coisas foram tão confusas que você mal teve tempo para seu almoço. Quando você e seus colegas estão se aprontando para ir embora, seu chefe se aproxima e pergunta pelo trabalho. Rapidamente, você tenta explicar como seu dia foi superocupado. Ele interrompe e com voz alterada grita: "Não estou interessado em suas desculpas. Por que você acha que eu estou lhe pagando? Para ficar o dia inteiro sentado?". Quando você abre a boca para falar, ele diz: "Poupe-me!" e sai em direção ao elevador.

Seus colegas fingem não ter ouvido. Você acaba de juntar suas coisas para sair e, a caminho de casa, encontra um amigo. Está tão aborrecido que lhe conta o que aconteceu.

Seu amigo tenta "ajudá-lo" de oito formas diferentes. Na medida em que ler cada resposta, sinta sua primeira reação e anote. (Não há respostas certas ou erradas. O que você sentir está certo para você.)

1. *Negação de sentimentos:* "Não há razão para se aborrecer tanto. É tolice sentir-se assim. Talvez esteja cansado e exagerando. Não pode ser tão terrível como você falou. Vamos lá, sorria, você fica bem melhor quando sorri".
Sua reação: _____

_____

_____

_____

2. *Resposta filosófica:* "Olhe, a vida é assim. As coisas não são como queremos. Você tem de aprender a aceitar. Nesse mundo nada é perfeito".
Sua reação: _____

_____

_____

_____

3. *Conselho:* "Sabe o que você deveria fazer? Amanhã de manhã, vá direto à sala do seu chefe e diga: 'Olhe, eu estava errado'. Então sente-se e faça de imediato a tarefa que você negligenciou. Não se desvie por causa dos imprevistos. Se você for esperto e quiser manter seu emprego, tome cuidado para isso não ocorrer de novo".
Sua reação: _____

_____

_____

_____

4. *Perguntas:* "Que imprevistos foram esses que você até esqueceu do pedido de seu chefe?".
"Você não percebeu que ele ficaria contrariado se não o recebesse imediatamente?", "Isso já tinha acontecido antes?"
"Por que você não foi atrás dele quando ele saiu da sala e tentou explicar de novo?"
Sua reação: _____

_____

_____

5. *Defesa da outra pessoa:* "Eu posso entender a reação de seu chefe. Ele provavelmente está sob muita pressão. Você tem sorte de ele não se exaltar com mais freqüência".

Sua reação: _____

_____

_____

_____

6. *Piedade:* "Oh, coitado! Isso é terrível, sinto tanto por você que me dá vontade de chorar".

Sua reação: _____

_____

_____

_____

7. *Bancando o psicanalista:* "Você já pensou que o motivo real de você estar aborrecido é porque seu chefe representa a figura paterna em sua vida? Quando criança, provavelmente você se preocupava em agradar a seu pai, e quando seu chefe o repreendeu seus sentimentos de rejeição voltaram, não é verdade?".

Sua reação: _____

_____

_____

_____

8. *Resposta empática* (uma tentativa de perceber os sentimentos do outro): "Puxa, parece que essa foi uma experiência desagradável. Ser atacado desse jeito na frente de outras pessoas, especialmente depois de ter tido um dia tão difícil, deve ter sido duro de engolir".

Sua reação: _____

_____

_____

_____

Você na verdade explorou suas reações diante das formas mais usuais que as pessoas empregam em suas falas. Agora gostaria de compartilhar com você algumas de minhas reações pessoais. Quando estou aborrecida ou magoada, a última coisa que quero ouvir é conselho, filosofia, psicologia ou o ponto de vista dos outros. Essas respostas só me fazem sentir pior que antes. Piedade me faz sentir infeliz, perguntas me colocam na defensiva, mas o que me deixa mais furiosa ainda é ouvir que não tenho razão de sentir o que estou sentindo. Em geral minha reação a essas respostas é: "Deixa pra lá, o que adianta continuar?".

Mas, se alguém realmente ouvisse, se alguém reconhecesse meu sofrimento interior e me desse a chance de falar mais sobre o que está me incomodando, eu começaria a me sentir menos aborrecida, menos confusa e mais capaz de lidar com meus sentimentos e meu problema.

Eu poderia até pensar: "Em geral meu patrão é justo... Acho que eu deveria ter feito aquele relatório imediatamente... Mas ainda não consigo ignorar o que ele fez... Bem, vou chegar cedo amanhã e, antes de tudo, vou escrever aquele relatório... Mas, quando o levar à sua sala, vou lhe dizer o quanto me incomodou ele ter falado daquele jeito... E também lhe direi que, de hoje em diante, se ele tiver alguma crítica, eu gostaria de ouvi-la em particular".

O processo não é diferente para nossos filhos. Eles também podem enfrentar sozinhos se tiverem um ouvido atento e uma resposta empática. Mas falar a língua da empatia não é algo que vem naturalmente. Não faz parte de nossa "língua materna". A maioria de nós cresceu tendo nossos sentimentos negados. Para nos tornarmos fluentes nesse novo idioma da aceitação, temos de aprender e praticar seus métodos. Eis alguns modos de ajudar os filhos a lidar com seus sentimentos.

Como ajudar em
relação aos sentimentos

1. Ouvir com toda a atenção.
2. Reconhecer seus sentimentos com uma palavra: "Oh... Hum... Sei...".
3. Dar um nome a seus sentimentos.
4. Realizar seus desejos no nível da fantasia.

Nas próximas páginas você verá o contraste entre esses métodos e as formas com que as pessoas, em geral, respondem a um filho que está chateado.

Pode ser desencorajador tentar falar com quem só diz estar ouvindo.

É muito mais fácil contar seus problemas a um pai que está realmente ouvindo. Ele nem tem de dizer nada. Muitas vezes tudo o que a criança precisa é de um silêncio compreensivo.

A criança tem dificuldade de pensar de forma clara ou construtiva quando alguém fica perguntando, culpando ou dando conselhos.

As simples palavras "Oh..." "Hum..." ou "Sei..." ajudam muito. Esse tipo de palavra, combinado com uma atitude de importar-se, permite que a criança explore seus próprios pensamentos e sentimentos e é provável que elabore suas próprias soluções.

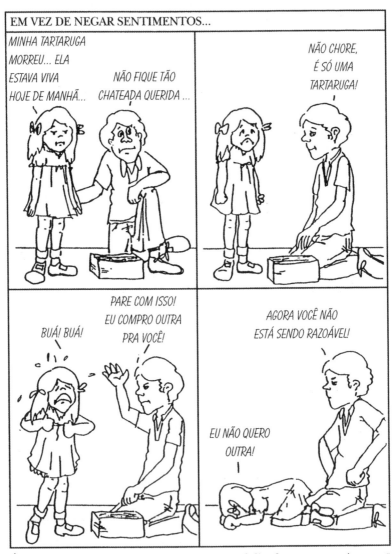

É estranho. Quando pedimos, mesmo com delicadeza, que a criança não dê importância a um sentimento desagradável, parece que ela só fica mais chateada.

Geralmente os pais não respondem desse modo, por temer que, ao nomearem o sentimento, ele piora. O oposto é exatamente verdade. A criança fica profundamente confortada quando ouve as palavras do que está vivenciando. Alguém reconheceu sua vivência interna.

Quando as crianças querem algo que não podem ter, os adultos geralmente respondem com explicações lógicas justificando o porquê. Muitas vezes, quanto mais explicamos, mais elas protestam.

Às vezes, só o fato de ter alguém que entenda o quanto você deseja algo torna a realidade mais tolerável.

Aqui está: quatro formas possíveis de oferecer um primeiro socorro à criança aborrecida:

- Ouvir com toda a atenção.
- Reconhecer seus sentimentos com uma palavra.
- Dar um nome a seus sentimentos.
- Satisfazer seus desejos na fantasia.

Porém, mais importante que qualquer palavra que usamos, é a nossa atitude. Se não for de compaixão, qualquer coisa que dissermos será recebida pelo filho como falsa ou manipulativa. Só quando nossas palavras são imbuídas de sentimentos reais de empatia é que falam direto ao coração da criança.

Das quatro habilidades citadas, talvez a mais difícil é ter de ouvir uma criança expor suas emoções e "dar um nome ao sentimento". É preciso prática e concentração para ser capaz de olhar para dentro e o que cerca a fala da criança, para identificar o que ela está sentindo. Também é importante darmos a elas o vocabulário para a sua realidade interior. Uma vez que tenham palavras para expressar o que estão sentindo, podem começar a ajudar a si mesmas.

O exercício a seguir apresenta uma lista de seis declarações que uma criança pode fazer a seus pais. Gostaria que você lesse cada declaração e imaginasse:

1. Uma palavra ou duas que descrevam o que a criança pode estar sentindo.
2. Uma afirmação que você possa fazer para a criança que mostre que você a entendeu.

RECONHECENDO OS SENTIMENTOS

O filho diz:	Uma palavra que descreva o que ele pode estar sentindo.	Use a palavra em uma frase que mostre que você entendeu o sentimento (não faça perguntas ou dê conselhos).
Exemplo: "O motorista do ônibus gritou comigo e todo mundo riu."	Vergonha	"Isso deve ter causado muita vergonha em você." ou "Parece que isso o envergonhou."

1. "Eu gostaria de dar um soco na cara do Michael!"

2. "Só por causa de uma chuva fraca, a minha professora disse que não poderíamos ir ao passeio. Ela é estúpida!"

3. "Mariana me convidou para a festa, mas sei lá..."

4. "Eu não sei por que os professores têm de encher a gente com tanta lição para o fim de semana."

O filho diz:	Uma palavra que descreva o que ele pode estar sentindo.	Use a palavra em uma frase que mostre que você entendeu o sentimento (não faça perguntas ou dê conselhos).
5. "Nós tivemos treino de basquete hoje e eu não consegui acertar a bola nenhuma vez."	_____	_____
6. "Janete está se mudando e ela é minha melhor amiga."	_____	_____

Você percebeu como é necessário pensamento e esforço para que o filho perceba que você sabe o que ele está sentindo? Para a maioria das pessoas estas falas não vêm naturalmente:

"Puxa, você parece bravo!" ou
"Isso deve ter sido um desapontamento para você."
"Hum, Hum, você parece ter dúvidas sobre ir ou não a essa festa."
"Parece que você está chateado com toda essa lição de casa."
"Oh... isso deve ter sido frustrante."
"Uma boa amiga que se muda pode ser bem chato."

E, no entanto, é esse tipo de afirmação que dá às crianças um verdadeiro alívio e as liberam para começar a lidar com seus problemas. (A propósito, não se preocupe se as suas palavras se estenderem demais. Você dará às crianças um vocabulário para que expressem os sentimentos delas.)

Alguns de vocês podem estar pensando: "Bem, consegui dar uma resposta que mostrou que entendi mais ou menos, mas como a conversa continuará? Como eu devo prosseguir? É correto dar conselho em seguida?".

Contenha-se quanto a dar conselhos. Sei que a tentação é procurar resolver o problema da criança com uma solução imediata:

"Mãe, estou cansada."

"Então vá descansar."

"Estou com fome."

"Então coma."

"Eu não estou com fome."

"Então não coma!"

Resista à tentação imediata do "faça o melhor". Em vez de conselho, continue a aceitar e refletir sobre os sentimentos de seu filho.

Eis um exemplo do que quero dizer: um pai em nosso grupo contou que seu filho pequeno entrou correndo em casa, gritando: "Eu quero dar um soco na cara do Michel".

O pai disse: "Normalmente a conversa seria assim":

FILHO: Eu queria dar um soco na cara do Michel!

PAI: Por quê? O que aconteceu?

FILHO: Ele jogou o meu caderno na lama.

PAI: Você não fez nada para ele, antes?

FILHO: Não!

PAI: Tem certeza?

FILHO: Juro! Eu nem toquei nele!

PAI: Michel é seu amigo, aceite meu conselho e esqueça isso. Você não é tão perfeito. Às vezes você começa e culpa outra pessoa, do jeito que faz com seu irmão.

FILHO: Não, eu não fiz isso. Ele bateu em mim primeiro. Eu não posso falar com você.

Mas o pai acabara de participar do primeiro *workshop* sobre como ajudar seus filhos a lidar com seus sentimentos e isso foi o que ocorreu de verdade:

FILHO: Eu queria dar um soco na cara do Michel.

PAI: Puxa, você está bravo!

FILHO: Eu queria acabar com a cara dele!

PAI: Puxa, você está muito bravo!

FILHO: Sabe o que aquele bruto fez? Ele agarrou meu caderno no ponto de ônibus e jogou na sujeira. E sem nenhuma razão!

PAI: Hum...

FILHO: Eu aposto que ele pensou que fui eu quem quebrou seu passarinho bobo na aula de artes.

PAI: Você acha?

FILHO: É, ele ficou olhando para mim enquanto estava chorando.

PAI: Oh!

FILHO: Mas eu não quebrei! Não fui eu!

PAI: Você *sabe* que não quebrou.

FILHO: Eu não quebrei de propósito, não tive culpa se a boba da Debi me empurrou na mesa.

PAI: Então a Debi empurrou você?

FILHO: É. Um monte de coisas caiu, mas a única que quebrou foi o passarinho. Eu não queria quebrá-lo. O passarinho dele estava bonito.

PAI: Você realmente não queria quebrá-lo.

FILHO: Não, mas ele não acreditaria.

PAI: Você acha que ele acreditaria se você dissesse a verdade?

FILHO: Não sei, mas eu vou dizer, mesmo que ele não acredite. Acho que ele deve me pedir desculpas por ter jogado o meu caderno no chão.

O pai ficou atônito. Ele não fizera perguntas e, no entanto, o filho lhe contou toda a história. Não dera uma palavra de conselho e o filho acabou encontrando sua própria solução. Parecia-lhe inacreditável que ele pudesse ter sido tão útil a seu filho, somente ao ouvi-lo e reconhecer seus sentimentos.

Fazer um exercício escrito e ler um diálogo-modelo é uma coisa. Colocar as habilidades de escuta em ação numa situação real com nossos próprios filhos é outra bem diferente. Os pais em nossos grupos relataram que é útil dramatizar juntos e treinar antes de lidar com as situações reais em casa.

A seguir você encontrará um exercício de dramatização para fazer com um amigo ou parceiro. Decidam quem fará o papel de filho e o de pai. Então leia somente a sua parte.

Situação do filho
(dramatização)

I. O médico disse que você tem uma alergia e precisa tomar injeção toda semana para não espirrar tanto. Às vezes as injeções doem e, outras, você mal as sente. A que você tomou hoje é das que doem mesmo. Depois de sair do consultório, você quer que seus pais saibam como foi.

Seu pai vai lhe responder de dois modos diferentes. Na primeira vez seus sentimentos serão negados, mas mesmo assim continue tentando fazer seu pai entender. Quando a conversa tiver naturalmente terminado, pergunte a si mesmo como foram os seus sentimentos e compartilhe sua resposta com quem você estiver dramatizando.

Comece a cena esfregando seu braço e dizendo:

"O médico quase me matou com aquela injeção!".

II. A situação é a mesma, só que dessa vez seu pai responderá de forma diferente. De novo, quando a conversa tiver naturalmente terminado, pergunte a si mesmo como foram seus sentimentos dessa vez e compartilhe sua resposta.

Comece a cena do mesmo modo, dizendo:

"O médico quase me matou com aquela injeção!".

Quando vocês concluírem as duas cenas, poderão inverter os papéis para poder vivenciar o ponto de vista do pai.

Situação dos pais
(dramatização)

I. Você tem de levar seu filho para tomar vacina antialérgica toda semana. Embora você saiba que ele detesta ir, sabe também que na maioria das vezes as injeções só doem por um segundo. Hoje, depois de sair do consultório, seu filho reclama amargamente. Vocês desempenharão a cena duas vezes. Na primeira, tente fazer seu filho parar de reclamar negando seus sentimentos. Use as seguintes falas (se quiser, pode elaborar as suas próprias):

"Vamos lá, não pode doer tanto assim."

"Você está exagerando!"

"Seu irmão nunca reclama quando toma injeção."

"Você está se comportando como um bebê."

"Bem, é melhor você se acostumar com essas injeções. Afinal, você vai ter de tomá-las toda semana."

Quando a conversa tiver naturalmente terminado, pergunte a si mesmo quais foram seus sentimentos e compartilhe sua resposta com quem você estiver dramatizando.

Seu filho iniciará a cena.

II. A cena é a mesma, só que dessa vez você ouvirá de verdade.

Suas respostas mostrarão que você consegue tanto ouvir como aceitar quaisquer sentimentos que seu filho expresse. Por exemplo:

"Parece que doeu mesmo."

"Deve ter sido doloroso."

"Hum... tanto assim?"

"Esta é uma dor que você desejaria para o seu pior inimigo."

"Não é fácil tomar essas injeções toda semana. Aposto que você vai ficar feliz quando elas acabarem."

Quando a conversa tiver naturalmente terminado, pergunte a si mesmo quais foram seus sentimentos dessa vez e compartilhe sua resposta.

Depois de desempenhar essa cena duas vezes, podem inverter os papéis para que você vivencie o ponto de vista do filho.

Ao desempenhar o papel de filho cujos sentimentos foram desconsiderados, você se sentiu culpado? Ou não compreendido, ou com raiva? Você passou a não gostar de seu pai também? Ao representar o pai, você se sentiu cada vez mais irritado com seu filho exigente?

Isso é o que em geral acontece quando os sentimentos são negados: pais e filhos ficam cada vez com mais raiva uns dos outros.

Pai, quando você começou a aceitar os sentimentos de seu filho, sentiu-se mais capaz de ajudar? Mais afetuoso?

Filho, quando seus sentimentos foram aceitos, você se sentiu compreendido e respeitado? Mais amado pelo seu pai? A dor foi mais fácil de suportar quando alguém reconheceu a intensidade dela? Você conseguiria encará-la novamente na semana seguinte?

Quando reconhecemos os sentimentos da criança, nós a ajudamos muito: colocamo-na em contato com quem ela é e onde está, e quando ela tem clareza de seus pensamentos e sentimentos sua autoconfiança aumenta e ela ganha coragem para começar a buscar soluções.

LIÇÃO DE CASA

1. Pelo menos uma vez nessa semana tenha uma conversa com seu filho na qual você aceite os sentimentos dele. No espaço a seguir, anote o que foi dito enquanto ainda estiver vivo em sua mente.

FILHO: _____

PAI: _____

FILHO: _____

PAI: _____

2. Leia a Parte II deste capítulo. Você encontrará comentários adicionais sobre as habilidades, as questões mais freqüentes e os depoimentos pessoais de outros pais mostrando como colocaram suas novas habilidades em uso em casa.

Lembrete

Ajudando os filhos a lidar com seus sentimentos.

Crianças precisam ter os sentimentos
delas aceitos e respeitados.

1. VOCÊ PODE OUVIR EM SILÊNCIO E ATENTAMENTE.

2. VOCÊ PODE ACEITAR O SENTIMENTO COM UMA PALAVRA.
"Oh... Hum... Sei..."

3. VOCÊ PODE DAR UM NOME AO SENTIMENTO.
"Isto parece frustrante!"

4. VOCÊ PODE REALIZAR SEUS DESEJOS NO NÍVEL DA FANTASIA.
"Eu gostaria de poder fazer a banana ficar madura
agora mesmo!"

* * *

Todos os sentimentos devem ser aceitos.
Certas ações devem ser limitadas.

"Estou vendo que você está com muita raiva de seu
irmão. Diga a ele o que você quer com palavras, não
com os punhos!"

Nota: Pode ser útil fazer uma cópia deste e de outros lembretes e colocá-los
em lugares estratégicos da casa.

Parte II: Comentários, perguntas e histórias de pais

Perguntas feitas pelos pais

1. É importante que eu sempre seja empático com meu filho?

Não. Muitas de nossas conversas com nossos filhos consistem em trocas casuais. Se um filho dissesse: "Mãe, eu decidi ir até a casa do David hoje, depois da escola", seria desnecessário ela responder: "Então, você resolveu visitar um amigo hoje à tarde". Um simples "Obrigada por me avisar" seria suficiente.

A empatia é para as ocasiões em que a criança quer que você saiba como ela se sente. Refletir seus sentimentos positivos apresenta poucos problemas. Não é difícil responder à exclamação entusiasmada "Tirei nove vírgula sete na prova de matemática, hoje" com uma exclamação também entusiasmada: "Nove vírgula sete! Você deve estar tão feliz!".

São as emoções *negativas* que requerem nossa habilidade. Aí é que temos de superar nossa velha tentação de ignorar, negar, dar lição de moral etc.

Um pai disse que o que o ajudou a tornar-se mais sensível às necessidades emocionais de seu filho foi quando ele começou a igualar seus sentimentos infelizes a feridas físicas. De algum modo, a imagem de um corte ou machucado o ajudou a perceber que seu filho precisava de atenção imediata; seus sentimentos feridos exigiam o mesmo que um joelho machucado.

2. O que há de mal em perguntar ao filho diretamente: "Por que você se sente desse jeito?".

Algumas crianças conseguem dizer por que estão assustadas, com raiva ou infelizes. Para muitas, no entanto, a questão "Por quê" só aumenta o problema. Além de seu sentimento original, agora elas precisam de uma explicação razoável. Muitas vezes as crianças não sabem o motivo de se sentirem de determinado modo. Outras vezes, relutam em dizer por temer que, aos olhos dos adultos, suas razões não sejam boas ("Você está chorando *por isso?*").

45

É muito mais útil uma criança ouvir: "Vejo que algo está deixando você triste", do que ser interrogada com: "O que aconteceu?" ou "Por que você está se sentindo assim?". É mais fácil falar com um adulto que aceita seus sentimentos do que com quem o pressiona a dar explicações.

3. Vocês estão dizendo que devemos deixar nossos filhos saber que concordamos com seus sentimentos?

Não é necessário às crianças que concordemos com seus sentimentos. Elas precisam tê-los reconhecidos. A afirmação "Você tem razão" pode ser agradável de ouvir no momento. Mas ela também pode impedir que a própria criança amplie seus pensamentos.

Exemplo:

CRIANÇA: A professora disse que vai cancelar a peça da nossa classe. Ela é uma chata.

PAI: Depois de todos aqueles ensaios? Eu concordo com você. Ela deve ser bem chata para fazer uma coisa dessas!

Fim da discussão.

Repare como é mais fácil para a criança pensar construtivamente quando seus sentimentos são aceitos.

CRIANÇA: Minha professora disse que vai cancelar a peça da nossa classe. Ela é...

PAI: Deve ser muito desapontador para você. Você estava ansioso pela peça.

CRIANÇA: É! Só porque algumas crianças fizeram bagunça no ensaio. A culpa é *delas*.

PAI: (*ouve silenciosamente*)

CRIANÇA: Ela também está brava porque ninguém sabe a parte delas.

PAI: Sei.

CRIANÇA: Ela disse que se a gente "melhorasse" poderia nos dar mais uma chance... É melhor eu ensaiar a minha fala de novo. Você me ajuda, de noite?

Conclusão: Não seria pelo ato de concordar ou discordar que uma pessoa de qualquer idade poderia ajudar num momento de aflição; é preciso que alguém reconheça o que ela está vivenciando.

4. Se é tão importante mostrar ao filho que eu entendo, o que há de errado em dizer simplesmente "Entendo o que você está sentindo"?

O problema em dizer "Entendo o que você está sentindo" é que algumas crianças não acreditam em você. Elas respondem: "Não, você não entende". Mas, se você se dá ao trabalho de ser específico ("O primeiro dia na escola pode assustar – tanta coisa nova com que acostumar"), aí a criança sabe que você realmente entende.

5. Suponha que eu tente identificar um sentimento e erre. O que acontece?

Nada de mal. Seu filho vai corrigi-lo rapidamente.

Exemplo:

CRIANÇA: Pai, nossa prova foi adiada até a próxima semana.

PAI: Deve ter sido um alívio para você.

CRIANÇA: Não. Eu fiquei bravo! Agora vou ter de estudar a mesma coisa na semana que vem.

PAI: Sei. Você queria acabar logo com isso.

CRIANÇA: É claro!

Seria pretensão para qualquer um supor que sempre saberia o que o outro está sentindo. Tudo o que podemos fazer é tentar entender os sentimentos de nossos filhos. Não seremos bem-sucedidos sempre, mas em geral nossos esforços são apreciados.

6. Sei que os sentimentos devem ser aceitos, mas acho difícil saber como reagir quando ouço: "Você é má" ou "Eu te odeio", de meu próprio filho.

Se "Eu te odeio" o incomoda, você pode querer transmitir a seu filho: "Não gostei do que ouvi. Se você está bravo por alguma razão, diga-me de outro modo. Então, talvez eu possa ajudar".

7. Há alguma outra maneira de ajudar uma criança aborrecida, além de transmitir-lhe que você entende seus sentimentos? Meu filho é bem pouco tolerante quanto a qualquer tipo de frustração. Às vezes parece ajudar quando reconheço seus sentimentos e digo-lhe algo como: "Isso deve ser frustrante!". Mas em geral, quando está nesse estado emocional, ele não me ouve.

Os pais, em nossos grupos, descobriram que quando seus filhos estão extremamente aborrecidos às vezes uma atividade física pode ajudar a aliviar uma parte dos sentimentos dolorosos. Ouvimos muitas histórias de crianças com raiva, que se sentiram mais calmas depois de socar travesseiros, martelar caixas velhas de papelão, manusear argila, rugir como um leão, atirar dardos. Mas a única atividade que os pais parecem aceitar melhor e a mais satisfatória para os filhos realizarem é desenhar seus sentimentos. Os dois exemplos a seguir ocorreram no intervalo de uma semana.

Eu acabara de chegar de um *workshop* e encontrei meu filho de três anos deitado no chão, fazendo birra. Meu marido apenas olhava, de pé, parecendo chateado. Ele disse: "Bem, especialista em crianças, vamos ver se você consegue lidar com esse aqui". Senti que eu tinha de dar conta daquela situação. Olhei para José, que ainda estava chutando e gritando, peguei uma caneta e o bloco de papel perto do telefone. Aí, me agachei, estendi a caneta e uma folhinha de papel para ele. E disse: "Olhe aqui, me mostre como você está bravo. Desenhe um quadro de como você está se sentindo".

José levantou-se de um pulo e começou a desenhar círculos com raiva. Então ele me mostrou e disse: "É assim que é a minha raiva".

Eu disse: "Você *está* mesmo com raiva!". E lhe dei outra folha de papel do bloco. "Mostre-me mais", eu disse.

Ele rabiscou furiosamente na página e eu disse de novo: "Puxa, *quanta* raiva!". E repetimos o processo mais uma vez.

Quando lhe ofereci a quarta folha de papel, ele estava bem mais calmo. Ele a olhou por um tempão. Então, disse: "Agora vou mostrar meus sentimentos felizes". E desenhou um círculo com dois olhos e uma boca sorridente. Foi incrível. Em dois minutos ele passou da histeria para o sorriso – só porque lhe permiti me mostrar como se sentia. Depois, meu marido disse: "Continue a participar desse grupo".

Na sessão seguinte de nosso grupo, outra mãe nos contou de sua experiência usando a mesma técnica:

Quando ouvi sobre José na semana passada, meu primeiro pensamento foi: "Como eu gostaria de poder usar essa abordagem com Décio". Décio também tem três anos, mas tem paralisia cerebral. Tudo o que vem naturalmente às outras crianças é monumental para ele – ficar de pé sem cair, sustentar a cabeça. Ele tem feito um progresso notável, mas ainda fica frustrado com muita facilidade.

Cada vez que ele tenta fazer algo e não consegue, chora por algumas horas. Não há nada que eu possa fazer para chegar até ele. E o pior é que ele me chuta e tenta me morder. Acho que pensa que, de algum modo, as dificuldades dele são culpa minha e eu devia ser capaz de fazer algo a esse respeito. Ele tem raiva de mim a maior parte do tempo.

A caminho de casa, voltando do *workshop* da última semana, eu pensava: "O que aconteceria se eu pegasse o Décio *antes* que ele fizesse toda a birra?". Naquela tarde ele estava brincando com o seu novo quebra-cabeça. Era um quebra-cabeça simples, com poucas peças grandes. De qualquer modo, ele não conseguia colocar a última peça e, depois de algumas tentativas, começou a surgir aquele olhar em seu rosto. Pensei: "Ah, não! Já vem ele, de novo". Corri para ele e gritei: "Espera aí! Espera aí, mesmo! Não se mova! Eu tenho de pegar uma coisa". Ele ficou atônito. Comecei a procurar freneticamente nas suas prateleiras e encontrei um lápis roxo e uma folha de papel. Sentei-me no chão, com ele, e disse: "É assim que você está com raiva?". E aí desenhei linhas em ziguezague, para cima e para baixo. "Sim!", ele disse. E pegou o lápis da minha mão e desenhou linhas tortuosas. Então, ele bateu várias vezes no papel, até ficar cheio de buracos. Ele segurou o papel contra a luz e eu disse: "Você está tão bravo, você está mesmo furioso". Ele agarrou o papel longe de mim, chorando ao mesmo tempo, e rasgou muitas vezes, até virar um monte de pedaços. Quando terminou, olhou para mim e disse: "Gosto de você, mamãe!". Foi a primeira vez que ele disse isso.

Tentei novamente, desde então, mas não funciona todas as vezes. Talvez eu tenha de encontrar outras formas para ele extravasar, como dar soco em almofadas ou outras coisas. Mas estou começando a perceber que o mais importante é que quando ele estiver socando, ou batendo, ou desenhando, eu estarei lá, observando-o, fazendo-o saber que mesmo seus sentimentos mais hostis são entendidos e aceitos.

8. **Se eu aceitar todos os sentimentos do meu filho, isso não lhe parecerá que tudo o que fizer está bem para mim? Não quero ser um pai permissivo.**

Também nos preocupamos quanto a isso, mas aos poucos começamos a perceber que ser permissivo funciona no sentido de que todos os sentimentos são permitidos. Por exemplo: "Estou vendo que você está se divertindo fazendo desenhos na manteiga com a sua faca".

Mas isso não significa que você tem de permitir que seu filho se comporte de um modo não aceitável para você. Quando você retira a manteiga, também pode dizer para o jovem "artista" que

50

"Manteiga não é para brincar. Se você quiser fazer desenhos, poderá usar a massinha".

Descobrimos que quando aceitamos os sentimentos de nossos filhos eles têm uma capacidade maior para aceitar os limites que estabelecemos para eles.

9. **Qual é a objeção quanto a dar conselhos aos filhos, quando eles têm um problema?**

Quando damos conselhos aos filhos, ou apresentamos soluções imediatas, os privamos da experiência de confrontar seus próprios problemas.

Há um momento para conselhos?

Com certeza! Para uma discussão mais detalhada sobre quando e como dar conselhos, ver as pp. 185 e 186, "Mais sobre conselho".

10. **Há algo que você possa fazer se percebe, logo em seguida, que deu uma resposta inadequada ao seu filho? Ontem, minha filha chegou da escola muito chateada. Ela queria me contar como algumas crianças a provocaram no *playground*. Eu estava cansada e preocupada, então a mandei sair e disse para parar de chorar, pois não era o fim do mundo. Ela pareceu nada contente e subiu para o seu quarto. Sei que não dei atenção suficiente aos sentimentos dela, mas o que posso fazer agora?**

Cada vez que um pai diz a si mesmo: "Eu sei que eu... aquela vez, por que eu não pensei em dizer...", automaticamente ele adquiriu uma nova chance. A vida com os filhos continua – sempre há outra oportunidade: mais tarde, nas próximas horas, no próximo dia, na próxima semana, para dizer: "Andei pensando sobre o que você me disse antes, sobre aquelas crianças que importunaram você no *playground* e, compreendo agora, que deve ter sido muito chato". A compaixão é sempre apreciada, seja mais cedo ou mais tarde.

Cuidados:

I. Em geral as crianças não gostam quando suas palavras são repetidas para eles da mesma forma como as expressaram.
Por exemplo:

CRIANÇA: Eu não gosto mais do David.

PAI: Você não gosta mais do David.

CRIANÇA: (com irritação) Foi isso o que eu acabei de dizer!

Essa criança poderia preferir uma resposta menos "papagaio", como: "Alguma coisa do David incomoda você", ou "Você realmente está chateado com ele!".

II. Há jovens que preferem não falar nada quando estão aborrecidos. Para eles, a presença da mãe ou do pai é um consolo suficiente.
Uma mãe nos contou que, ao entrar na sala, viu sua filha de dez anos no sofá, com os olhos lacrimejantes. A mãe sentou perto dela, abraçou-a e murmurou: "Aconteceu alguma coisa". E ficou com sua filha por cinco minutos. Finalmente, sua filha suspirou e disse: "Obrigada, mamãe, já estou melhor agora".

A mãe nunca descobriu o que aconteceu, o que ela soube era que sua presença confortadora deve ter sido útil, pois uma hora depois escutou sua filha cantarolando sozinha no quarto.

III. Algumas crianças ficam irritadas quando expressam uma emoção intensa e a resposta dos pais é "correta", mas fria.
Uma adolescente em um de nossos *workshops* nos disse que chegou em casa uma tarde com muita raiva porque sua melhor amiga lhe traíra revelando um segredo muito pessoal. Ela contou à sua mãe o que acontecera, e a mãe, de uma forma bem direta, comentou: "Você está com raiva". A jovem não conseguiu evitar e devolveu com uma resposta sarcástica: "Não brinca?".

Perguntamos-lhe o que ela gostaria de ter ouvido de sua mãe. Pensou um pouco e respondeu: "Não foram as palavras, mas a forma como ela disse isso. Era como se ela estivesse falando dos sentimentos de alguém com quem ela não se importava. Acho que gostaria que ela me mostrasse que ela estava lá, comigo. Se tivesse feito um comentário como: 'Puxa, você deve ter ficado *louca* com ela...', então eu veria que ela tinha entendido".

IV. Também não é útil quando os pais respondem com uma intensidade maior do que a que a criança sente.

Exemplo:

ADOLESCENTE: (*resmungando*) O Sérgio me deixou esperando na esquina por meia hora, depois inventou uma história que eu sei que não é verdade.

MÃE: Isso é imperdoável! Como ele pôde fazer uma coisa dessas com você? Ele é irresponsável e insensível! Você deve estar sentindo vontade de não vê-lo nunca mais.

Provavelmente não ocorreu ao jovem reagir de forma tão violenta ao seu amigo ou considerar uma retaliação tão drástica. Tudo o que ele provavelmente precisava da mãe era uma palavra compreensiva e um aceno com a cabeça para dizer que ela se importava com a reação dele quanto ao comportamento do amigo. Ele não precisava de um peso adicional, ou seja, ter de lidar com as emoções fortes da mãe.

V. Os filhos não apreciam que os pais repitam os apelidos que eles se atribuem.

Quando uma criança lhe diz que ela é boba, feia, gorda, não é aconselhável responder com: "Ah, então você acha que é boba?", ou: "Você realmente se sente feia?". Não vamos cooperar, quando ela se xinga. Vamos aceitar sua dor sem repetir suas palavras.

Exemplo:

FILHO: O professor disse que nós só precisamos gastar quinze minutos, à noite, com a matemática, só que eu levei uma hora para terminar. Eu devo ser bobo.

PAI: É desanimador quando o trabalho leva mais tempo do que você espera.

Exemplo:

FILHO: Fico horrível quando rio. Tudo o que dá para ver é só o aparelho. Eu sou feio!

PAI: Você realmente não gosta da sua aparência com o aparelho. E, talvez não ajude saber, mas para mim você é bonito com ou sem o aparelho.

* * *

Esperamos que os nossos "cuidados" não estejam assustando você. Está claro que lidar com sentimentos é uma arte, e não uma ciência. No entanto, acreditamos, com base em anos de observação, que os pais, depois de várias tentativas, acertos e erros, conseguem desenvolver a arte.

Você vai sentir, depois de algum tempo, o que é útil para seu filho, em particular, e o que não é. Com a prática, descobrirá o que o irrita e o que o conforta; o que distancia e o que provoca intimidade; o que fere e o que cura. Não há substituto para a sua própria sensibilidade.

Histórias de pais

Ensinamos os mesmos princípios básicos para todo o grupo. No entanto, sempre nos surpreendemos com a originalidade ou a variedade de situações dos pais, toda vez que esses princípios são aplicados.

Cada uma das histórias seguintes é apresentada, basicamente, como os pais as escreveram. Na maior parte dos casos os nomes dos filhos foram modificados. Você vai reparar que nada do que os pais dizem é uma resposta-modelo, mas a sua disposição de ouvir e sua atitude de aceitação é que fazem a diferença.

Os pais que contaram as duas primeiras histórias ao grupo acharam difícil acreditar que, quando deixassem de dar conselhos, o filho realmente começaria a trabalhar em busca de sua própria solução. Essa mãe introduziu sua história do seguinte modo: "Ouçam o quão pouco eu falei!".

Nelson, oito anos, chega da escola e diz: "Eu gostaria de dar um soco no Guilherme".

EU: Você está *mesmo* bravo com o Guilherme!

NELSON: É! Sempre que a gente joga futebol, ele diz: "Passa para mim, Nelson. Eu sou melhor que você". Isso não deixaria *qualquer um* bravo?

EU: Sim.

NELSON: Mas o Guilherme não é realmente assim. No primeiro ano ele sempre era bonzinho. Mas acho que quando o Sérgio chegou na segunda série o Guilherme ficou com a mania de se vangloriar dele.

EU: Sei...

NELSON: Vou ligar para o Guilherme e convidá-lo para ir ao parque.

* * *

"Meu filho é um aluno de primeiro ano, não é agressivo nem se mete em brigas, então tendo a ser superprotetora, porque ele parece muito vulnerável. Na segunda-feira, ele chegou da escola e me disse que um menino da classe, muito maior que ele, mandou um "representante" dizendo que ele seria "surrado" no dia seguinte. Minha primeira reação foi de pura histeria: deixá-lo em casa, dar-lhe um curso rápido de autodefesa, qualquer coisa que o salvasse da dor e do medo.

Em vez de mostrar-lhe como eu estava alarmada, decidi ouvir com atenção e apenas respondi 'Hum'. Então Douglas começou a falar, sem parar. Ele disse: 'Sim, e eu só imaginei três estratégias para a defesa – primeiro vou persuadi-lo a não brigar, tentarei convencê-lo de que brigar não é civilizado. Então, se isso não funcionar, vou colocar meus óculos, mas... (ele parou um pouco e pensou), se ele é briguento, isso não vai adiantar, então ele deve ser mesmo um cara briguento, porque nunca falei com ele e ele quer me bater. E, se nada disso funcionar, vou pedir ao Carlinhos que parta pra cima dele. Carlinhos é tão forte que aquele briguento só vai olhar para ele e desistir na hora'.

Eu estava em choque e só consegui pronunciar: 'Oh!'. E ele disse: 'Tudo bem... vai ficar tudo bem. Eu tenho os meus planos para usar'. Então, saiu da sala e se acalmou. Fiquei realmente impressionada com o meu filho. Não sabia que ele poderia ser tão valente ou criativo para lidar com seus próprios problemas. E tudo isso se deu porque só ouvi e fiquei fora de seu caminho.

Não deixei de agir. Não disse nada para Douglas, mas telefonei para sua professora à tarde, pedindo que ficasse alerta ao que estava acontecendo. Ela disse que tinha sido bom eu ter telefonado porque, no mundo de hoje, nenhuma ameaça deve ser subestimada.

No dia seguinte, precisei de todo o meu autocontrole para não perguntar o que havia acontecido. Mas ele me disse: 'Mãe, adivinha o que aconteceu? Aquele briguento nem chegou perto de mim hoje'."

* * *

Alguns pais relataram sua surpresa quanto aos efeitos calmantes que suas afirmações de aceitação produziram: "Oh, fique quieto!" ou "Chega disso!" pareciam só agitar ainda mais seus filhos; entretanto, algumas palavras de reconhecimento com freqüência acalmavam os sentimentos mais primitivos e mudavam o clima dramaticamente.

Este primeiro exemplo é de um pai:

Minha filha Juliana veio da cozinha.

"Hoje, na ginástica, a professora gritou mesmo comigo."

"Oh."

"Ela berrou comigo."

"Ela estava realmente brava."

"Ela gritou: 'Não é *assim* que se joga a bola de vôlei. Deve-se jogar *assim*!'. Como eu ia saber? Ela nunca ensinou a gente."

"Você ficou brava com ela, por ter gritado."

"Ela me deixou tão nervosa!"

"É mesmo frustrante quando gritam com a gente sem razão."

"Ela não tinha o direito!"

"Você sente que ela não devia ter gritado com você."

"Não! Eu estou tão brava com ela! Eu poderia pisar nela... Gostaria de espetar uns alfinetes num boneco com a cara dela e fazê-la sofrer."

"Ou pendurá-la pelos dedos."

"Ou ferver ela em óleo."

"Ou dar uma cuspida nela!"

Nesse momento, Juliana sorriu e sorri também. Então ela começou a rir e eu também. Aí, ela se deu conta de como tinha sido infeliz o jeito como a professora gritou, e então disse: "*Agora* sei como jogar vôlei para deixá-la contente!".

Em geral, eu teria dito: "Você fez alguma coisa errada para fazê-la gritar. Da próxima vez, ouça quando a professora corrigir você, para aprender o quê ou como fazer". Provavelmente ela teria batido a porta e ficado com raiva no seu quarto, achando que seu pai era insensível e bobo, assim como sua infeliz professora.

* * *

"Cenário: Minha cozinha.

Acabei de colocar o bebê para dormir. Ivan chega da escola, todo animado porque vai para a casa do César para brincar.

IVAN: Oi, mãe! Vamos para a casa do César agora!

MÃE: Bem, Nina (*o bebê*) está dormindo agora. Iremos mais tarde.

IVAN: (*ficando chateado*) Eu quero ir agora! Você disse que nós podíamos.

MÃE: Que tal se eu levar você lá fora, com a sua bicicleta?

IVAN:	Não! Eu quero que você fique comigo (*começa a chorar histericamente*). Eu quero ir agora! (*Ele pega os desenhos que acabara de trazer da escola, amassa-os e joga tudo no lixo.*)
MÃE:	(Meu alarme se liga.) Puxa, você está furioso! Está com tanta raiva que jogou fora os seus desenhos. Deve estar mesmo chateado! Você estava aqui, tão entusiasmado para brincar com César e a Nina está dormindo. Isto é tão desapontador...
IVAN:	Sim. Eu queria ir mesmo à casa do César (*pára de chorar*). Eu posso ver TV, mãe?
MÃE:	Claro!"

* * *

Situação: O pai estava indo pescar e Daniela, quatro anos, queria ir com ele.

PAI:	Tudo bem, querida, você pode vir junto, mas lembre-se de que vamos ficar fora bastante tempo, e hoje de manhã está bem frio lá fora.
DANIELA:	(*com expressão de confusão ela responde bem hesitante*) Mudei de idéia, quero ficar em casa.

Dois minutos depois que o pai saiu, ela começou a chorar.

DANIELA:	O papai me deixou e ele sabia que eu queria ir junto...
MÃE:	(*preocupada naquele momento e sem disposição*) Daniela, nós duas sabemos que *você* decidiu ficar em casa. Seu choro está me incomodando e eu não quero ouvir. Se você vai ficar chorando, vá para o seu quarto.

Ela vai para o quarto resmungando. Alguns minutos depois, a mãe decide tentar um novo método. Vai para o quarto de Daniela, senta-se em sua cama.

MÃE: Você realmente queria ir com o papai, não queria?

Daniela parou de chorar e acenou com a cabeça.

MÃE: Você ficou confusa quando o papai disse que estava muito frio. Você não conseguia se decidir...

Seus olhos mostraram alívio. Acenando novamente, ela enxugou seus olhos.

MÃE: Você sentiu que você não teve tempo suficiente para se decidir.

DANIELA: Não, eu não tive.

Aí eu a abracei. Ela saiu da cama e foi brincar.

* * *

É importante também que as crianças saibam que podem ter dois sentimentos muito diferentes ao mesmo tempo.

Depois que o bebê nasceu eu sempre disse a Paulo que ele amava seu novo irmão. Mas ele balançava a cabeça e repetia: "Não! Não!".

Nesse último mês eu tenho dito: "Sabe, Paulo, você parece ter dois sentimentos sobre o bebê: às vezes fica feliz de ter um irmão – ele é divertido para brincar e olhar. E, às vezes, você não gosta de tê-lo por perto de jeito nenhum. Você gostaria que ele fosse embora".

Paulo gosta disso. Pelo menos uma vez por semana ele diz para mim: "Mãe, fale de novo sobre os meus dois sentimentos...".

* * *

Alguns pais em particular apreciaram o uso das habilidades quando o humor da criança era de desencorajamento ou desespero. Eles ficavam contentes ao saber que não tinham de assumir a infelicidade de seus filhos, tornando-a sua. Uma mãe disse: "Comecei a perceber que eu me submetia a uma enorme pressão desnecessária para me assegurar de que meus filhos ficassem contentes o tempo inteiro. Primeiro me conscientizei de quanto havia ido longe, tentando até mesmo grudar uma bolacha quebrada para impedir que meu filho de quatro anos chorasse. Também comecei a perceber o

peso que eu colocava sobre as crianças. Vejam: não só eles se a-
borrecem com o problema original, como se chateiam ainda mais
porque vivem sofrendo com o próprio sofrimento. Minha mãe costumava fazer isso comigo e me lembro dos sentimentos de culpa, como
se houvesse alguma coisa errada comigo por não me sentir contente
o tempo inteiro. Quero que meus filhos saibam que eles têm o direito
de se sentir infelizes, sem sua mãe desmoronar".

* * *

"Meu filho, Ronaldo, chegou com as calças enlameadas e o rosto abatido.

PAI: Estou vendo um monte de lama nas suas calças.

RONALDO: É! Eu caí no futebol.

PAI: Você teve um jogo difícil.

RONALDO: É, eu não sei jogar, sou muito fraco. Até o Rafael me derruba.

PAI: É tão chato ser derrubado.

RONALDO: Eu gostaria de ser mais forte.

PAI: Você gostaria de ser assim como o Arnold Schwarze-negger,... ou correr como o Jim Brown.

RONALDO: Sim, então eu poderia derrubá-*los*.

PAI: Você poderia correr direto por cima daqueles obs-táculos.

RONALDO: Eu poderia encontrar um monte de lugar para correr.

PAI: Você poderia correr.

RONALDO: E eu poderia, também, passar a bola. Eu sou bom para passes curtos. Mas não posso jogar uma bom-ba, um passe longo...

PAI: Você pode correr e passar.

RONALDO: É, eu posso jogar melhor.

PAI: Você sente que poderia jogar melhor.

RONALDO: Da próxima vez, vou jogar melhor!

PAI: Você sabe que vai jogar melhor.

Normalmente eu teria cumprimentado Ronaldo com algum comentário como: 'Você é um bom jogador! Só teve um jogo ruim. Não se preocupe, vai jogar melhor da próxima vez'. Provavelmente ele teria resmungado e ido para o seu quarto.

Fiz uma descoberta incrível neste grupo: quanto mais você quer despachar os sentimentos infelizes das crianças, mais elas ficam apegadas a eles. Quando você consegue aceitar melhor os sentimentos ruins, torna-se mais fácil para as crianças deixá-los ir embora. Eu diria que, se você quiser ter uma família feliz, é melhor se preparar para permitir que um monte de infelicidade venha à tona."

* * *

"João tem passado um período difícil. Ele tem um professor muito exigente de quem ele não gosta. Nos momentos em que está mais infeliz consigo mesmo, em geral quando está sob pressão da escola, ele se chama de 'bobo', sente que ninguém gosta dele porque é bobo, o 'bobo' da classe, e assim por diante.

Uma noite dessas meu marido sentou-se com ele cercado de toda a preocupação:

PAI: (*gentilmente*) João, você não é bobo.

JOÃO: Eu sou bobo demais! Eu sou bobo, bobo.

PAI: Mas, João, você não é bobo. Você é um dos meninos de oito anos mais esperto que conheço.

JOÃO: Eu não sou. Sou bobo!

PAI: (*ainda gentil...*) Você não é bobo.

JOÃO: Eu sou bobo demais.

E assim continuou. Eu não queria me intrometer, mas não tolerava ouvir isso e saí do quarto. Por sorte, meu marido nunca perde a calma, mas João foi deitar-se ainda dizendo que era bobo.

Fui até ele. Eu havia tido um dia lamentável com ele, pois durante a maior parte do tempo ele só fez agravar meu estado. E eu não achava que ainda tivesse muita energia para lidar com João.

Mas lá estava ele na cama, sentindo-se infeliz, dizendo que ninguém gostava dele. Eu nem sabia o que poderia dizer. Só me sentei, exausta, na beira da cama.

Então, a frase que dissemos na aula me veio à mente e eu a repeti, quase que de forma mecânica: 'Esses não são sentimentos nada fáceis'.

João parou de dizer que era bobo e ficou em silêncio por alguns minutos, até que disse: 'É'.

Isso, de alguma forma, me deu força para continuar. Aí, comecei a falar só de algumas coisas boas ou especiais que ele havia dito, ou feito no decorrer dos anos. Ele ouviu por algum tempo até que começou a participar com algumas de suas próprias lembranças. Disse: 'Você se lembra de quando não conseguia encontrar as chaves do carro? Ficou procurando pela casa inteira, e eu disse para você procurar no carro. E elas estavam lá'.

Depois de uns dez minutos dessa conversa, consegui dar um beijo de boa-noite no menino que tinha restabelecido a confiança em si mesmo."

* * *

Alguns pais se alegraram com a idéia de oferecer a seus filhos, no nível da fantasia, o que eles não podiam dar-lhes na realidade. Era muito mais fácil para esses pais dizer: "Você gostaria de ter..." do que enfrentar uma batalha infindável sobre quem estava certo e por quê.

DAVID: (*dez anos*) Eu preciso de um novo telescópio.

PAI: Um novo telescópio? Não tem nada de errado com o que você tem.

DAVID: Mas é um telescópio de criança.

PAI: Ele é perfeitamente adequado para um menino da sua idade.

DAVID: Não, não é. Eu preciso de um telescópio com capacidade para ampliar duzentas vezes.

PAI: *(Comecei a perceber que estávamos nos encaminhando para uma grande briga, tentei mudar o assunto.)* Então você realmente gostaria de um telescópio que aumentasse duzentas vezes?

DAVID: Sim. Porque aí eu poderia ver as crateras.

PAI: Ah, você quer realmente vê-las de perto?

DAVID: Isso mesmo!

PAI: Sabe do que eu gostaria? Gostaria de ter dinheiro suficiente para comprar para você esse telescópio. Com o seu interesse em astronomia, gostaria de ter dinheiro para lhe comprar um telescópio com capacidade de aumentar quatrocentas vezes.

DAVID: Seiscentas!

PAI: Oitocentas.

DAVID: *(ficando entusiasmado)* Mil!

PAI: Ah, hum... Hum...

DAVID: Sei, sei... Se você pudesse, você me compraria aquele do Monte Palomar.

Ambos rimos, e eu percebi o que fez a diferença. O mais importante de dar no nível da fantasia é deixar-se ir, o que é fantástico demais. Mesmo ciente de que isso não aconteceria, David sabia que eu estava levando sua vontade a sério.

* * *

"Meu marido e eu levamos Gerson e sua irmã mais velha, Leila, ao museu de História Natural. Nós realmente gostamos e as crianças estavam muito bem. Só que, na saída, tínhamos de passar numa loja de presentes. Gerson, nosso menino de quatro anos, ficou louco pelos suvenires. A maior parte das coisas era cara demais, mas no fim acabamos comprando para eles um pequeno conjunto de pedras. Então ele começou a resmungar porque queria um dinossauro de brinquedo.

Tentei explicar que já tínhamos gastado mais do que o previsto. Seu pai disse-lhe para parar de reclamar e que devia ficar contente pelo que *tínhamos* comprado para ele. Gerson começou a chorar. Meu marido disse para ele parar com aquilo, porque estava agindo como um bebê. Gerson se jogou no chão e chorou mais alto. Todos estavam olhando para nós. Fiquei tão envergonhada que queria que o chão se abrisse. Então, não sei como a idéia me ocorreu, mas peguei um lápis e um papel na minha bolsa e comecei a escrever.

Gerson perguntou o que eu estava fazendo. Respondi: 'Estou escrevendo que o Gerson gostaria de ter um dinossauro'. Ele olhou para mim e disse: 'E um prisma, também'. Escrevi: 'Um prisma também'.

Então ele fez algo que me deixou surpresa: correu para a sua irmã, que estava assistindo à cena toda, e disse: 'Leila, diga para a mamãe o que você quer, ela vai escrever para você também'.

Inacreditável! Isso acabou com tudo, e ele foi para casa muito tranqüilo. Tenho usado essa tática muitas vezes, desde então. Sempre que estou numa loja de brinquedos com Gerson e ele corre, apontando tudo o que quer, pego um papel e um lápis e escrevo para ele sua lista de desejos. Isso parece satisfazê-lo. Não significa que eu deva comprar essas coisas para ele, a não ser em alguma ocasião especial.

Imagino que Gerson goste de sua lista, pois ela mostra não só que sei o que ele quer, mas que me importo o suficiente para colocá-lo por escrito."

* * *

Esta história final fala por si mesma.

"Passei por uma das experiências mais angustiantes da minha vida. Minha filha, Suzana, seis anos, havia tido um ataque de asma antes, mas não como aquele. Fiquei apavorada. Ela não podia respirar e começou a mudar de cor. Como não consegui uma ambulância, tentei levá-la de carro ao pronto-socorro, junto com meu filho Breno e minha mãe, que estava me visitando nesse dia.

Minha mãe, completamente histérica, ficava repetindo: 'Ai, meu Deus! Ela não consegue respirar. Nós nunca vamos conseguir. O que você fez com essa criança?'. E, numa voz mais alta do que a da minha mãe, eu disse: 'Suzana, sei que você não está conseguindo respirar, sei que é assustador. Estamos a caminho de conseguir ajuda. Você vai ficar bem! Se quiser, pode segurar na minha perna, enquanto eu dirijo'. Então ela segurou na minha perna.

No hospital, alguns médicos e enfermeiras se aglomeraram em volta dela. Minha mãe ainda estava nervosa. Breno me perguntou se Suzana ia realmente morrer, como a vovó estava dizendo. Não tive tempo de responder porque os médicos estavam tentando me manter fora do quarto, e eu sabia que Suzana precisava de mim, lá dentro. Eu podia ver em seus olhos que ela estava apavorada.

Eles lhe aplicaram uma injeção de adrenalina. Eu disse: 'Isso dói, não dói?', e ela acenou. Então, puseram um tubo pela sua garganta. E eu disse: 'Sei que esse tubo pode machucar, mas isso vai ajudar você'. Ela ainda não estava respirando normalmente e eles colocaram oxigênio. Então eu disse: 'Parece estranho esse lugar, com todos esses aparelhos em você. Mas isso também vai ajudar e fazer você ficar bem'. Então segurei suas mãos e disse: 'Eu não vou deixar você. Vou ficar com você mesmo quando estiver dormindo. Estarei aqui enquanto precisar de mim'.

Sua respiração melhorou um pouco, embora sua condição ainda estivesse crítica. Fiquei com ela nas 72 horas seguintes, praticamente sem dormir. Graças a Deus ela superou isso.

Sei que sem esses *workshops* seria muito diferente. Eu teria entrado em pânico. Ao falar com ela da maneira que fiz, deixando-a saber que eu reconhecia o que ela estava passando, eu a relaxei e ela reagiu de forma favorável ao tratamento médico que estava recebendo. Realmente senti que ajudei a salvar a vida de Suzana."

Incentivando a cooperação

Parte I

A essa altura, seus filhos provavelmente lhes ofereceram numerosas oportunidades para colocarem suas habilidades de escuta em ação. As crianças, em geral, nos dizem – em alto e bom som – quando algo as incomoda. Lembro que em minha própria casa cada dia com as crianças era como um festival de teatro. Um brinquedo perdido, um corte de cabelo curto demais, um relatório urgente para a escola, jeans novos que não caíram bem, uma briga com o irmão ou a irmã – qualquer dessas crises poderia gerar lágrimas e emoção suficiente para um drama em três atos. Nunca nos faltava material.

A única diferença é que no teatro a cortina desce e o público pode ir para casa. Os pais não podem dar-se a esse luxo. De algum modo, temos de lidar com toda a dor, raiva, frustração e ainda conservar nossa sanidade mental.

Sabemos que os velhos métodos não funcionam. Nenhuma de nossas explicações e palavras tranqüilizadoras trazem alívio às crianças e ao mesmo tempo nos esgotam. No entanto, os novos métodos também podem apresentar problemas. Embora estejamos conscientes do quão confortadora a resposta empática possa ser, nem sempre é fácil dá-la. Para muitos de nós, essa linguagem é nova e estranha. Os pais me disseram:

"Eu me senti estranho no início – como se não fosse eu –, como se estivesse representando."

"Eu me senti muito pouco natural, mas devo ter feito algo correto, porque meu filho que nunca diz mais que 'É', 'Nada' e 'Eu preciso?', de repente começou a falar comigo."

"Eu me sentia à vontade, mas as crianças pareciam incomodadas. Elas me olhavam desconfiadas."

"Eu descobri que nunca ouvi meus filhos antes. Eu esperava que eles acabassem de falar para que eu dissesse o que achava. Ouvir de verdade é uma tarefa difícil. Você tem de se concentrar se não quiser dar só uma resposta estereotipada."

Um pai relatou seu fracasso: "Tentei, mas não deu certo. Minha filha chegou da escola parecendo infeliz. Em vez de dizer o habitual: 'Por que você está com esta cara?', eu falei: 'Você parece aborrecida'. Ela começou a chorar, foi para o seu quarto e bateu a porta".

Explicamos a esse pai que não é verdade que não "tenha funcionado", pelo contrário. Anita percebeu um tom diferente naquele dia, um tom que lhe dizia que alguém se importava com seus sentimentos. Ela não podia "se render". Passado algum tempo, quando ela se convencer de que pode contar com a aceitação de seu pai, poderá contar-lhe sem medo o que a aflige.

Mas a melhor resposta foi dada por um adolescente que sabia que a mãe tinha tido a primeira sessão. Ele chegou da escola reclamando:

FILHO: Eles não tinham o direito de me tirar do time apenas porque eu estava sem o meu short. Eu tive de ficar só assistindo ao jogo. Isto foi injusto.

MÃE: Isto deve ter sido muito chato para você!

FILHO: Ah, você sempre está do lado deles!

MÃE: (*segurando no ombro dele*) Filho, acho que você não me escutou. Eu disse que isso deve ter sido muito chato para você.

Ele a olhou fixamente por um longo tempo e falou:

FILHO: *Papai devia ir nesse curso também.*

* * *

No capítulo anterior, concentramo-nos na forma como os pais podem ajudar os filhos a lidar com seus sentimentos negativos. Agora queremos enfocar a ajuda aos pais quanto a assumir seus próprios sentimentos negativos.

Uma das frustrações inerentes em ser pai ou mãe é a luta diária para fazer com que os filhos se comportem de forma aceitável para nós e para a sociedade. Isto pode ser enlouquecedor, um trabalho árduo. Parte do problema reside no conflito de necessidades. A necessidade do adulto envolve limpeza, ordem, cortesia e rotina. As crianças, na verdade, não se importam com isso. Quantas delas, por vontade própria, tomariam um banho, diriam "por favor" ou "obrigado", ou trocariam sua roupa íntima? Os pais investem altas doses de energia para levar os filhos a se adaptar às normas sociais. E, por algum motivo, quanto mais nos importamos, mais ativamente eles resistem.

Sei que houve uma época em que meus próprios filhos me consideravam a "inimiga" – uma pessoa que sempre lhes mandava fazer o que não queriam: "Lavem suas mãos... Usem seu guardanapo... Fiquem quietos!... Pendurem seus casacos... Já fizeram a lição?... Têm certeza de que escovaram os dentes?... Voltem e dêem a descarga... Vistam os pijamas... Vão dormir...".

Era também quem os obrigava a parar de fazer o que eles não queriam parar: "Não coma com os dedos... Não balance a mesa... Não jogue areia na sua irmã... Não pule no sofá... Não corra atrás do gato... Não coloque coisas no seu nariz".

A atitude das crianças se tornou: "Eu faço o que eu quero".

E a minha atitude era: "Vocês farão o que eu digo". E a briga começava.

Houve um momento em que eu me estressava cada vez que tinha de solicitar aos meus filhos para fazer as coisas mais simples.

Vou pedir, durante alguns minutos, que você faça uma lista de todas as coisas que normalmente tem de insistir para que seus filhos façam ou deixem de fazer no decorrer de um dia.

O que fazer

Em um único dia, peço que minhas crianças (ou criança) façam o seguinte:

PELA MANHÃ: À TARDE: À NOITE:

O que não fazer

Também peço a minhas crianças (ou criança) que não façam o seguinte:

PELA MANHÃ: À TARDE: À NOITE:

Independentemente de a sua lista ser longa ou curta, suas expectativas realistas ou falsas, cada ponto assinalado representa seu tempo, sua energia, e contém todos os ingredientes necessários para uma guerra de vontades.

Existe alguma solução?

Vamos inicialmente revisar alguns dos métodos, com freqüência utilizados pelos adultos que gostariam que seus filhos cooperassem. Ao ler cada exemplo, retroceda no tempo e imagine que você é uma criança tentando falar com seus pais. Ouça com muita atenção as palavras. O que você sente quando as ouve? Anote suas respostas.

1. **Reprovação e acusações:**

"As suas impressões digitais estão sempre em todas as portas! Por que você tem de sujá-las sempre? O que acontece com você? Você não pode fazer nada direito? Quantas vezes tenho de lhe dizer para usar a maçaneta? O problema é que você não me escuta!"

Como criança você sentiria: _____

_____

_____

2. **Insultos:**

"Está muito frio lá fora, abaixo de zero, e olhe a blusa que você está usando! Como você pode ser tão bobo? Realmente, isto é uma estupidez!"

"Venha, deixe que eu arrumo sua bicicleta. Você sabe que não entende nada de mecânica."

"Veja como você come! É horrível!"

"Você deve ser um porco para ter um quarto assim tão sujo! Você vive como um animal!"

Como criança você sentiria: _____

_____

_____

3. Ameaças:

"Se você mexer na lâmpada de novo, eu lhe dou um tapa!"

"Se você não cuspir o chiclete agora mesmo, abro a sua boca e tiro à força!"

"Se você não estiver pronto até eu contar até três, vou embora sem você!"

Como criança você sentiria: _____

_____

_____

_____

4. Ordens:

"Arrume seu quarto, já!"

"Ajude-me com estes pacotes. Vamos, mexa-se!"

"Você ainda não jogou o lixo fora? Vá, imediatamente! Mas o que você está esperando? Vá rápido!"

Como criança você sentiria: _____

_____

_____

_____

5. Lições de moral:

"Você acha bonito arrancar o livro das minhas mãos? Parece que você ainda não percebeu a importância de ter boas maneiras! O que estou tentando sempre lhe ensinar é que se você espera que os outros sejam educados com você deve mudar e ser educado com eles também. Você não gostaria que eu estragasse seus brinquedos, não é? Pois então, procure respeitar mais as coisas dos outros. Não faça aos outros o que não quer que façam a você."

Como criança você sentiria:

_____

_____

_____

6. Advertências:

"Cuidado, você vai se queimar!"

"Se você não olha por onde anda, vai ser atropelado!"

"Não suba aí! Você quer cair?"

"Ponha um casaco, ou você vai ficar resfriado!"

Como criança você sentiria: _____

_____

_____

7. Vítima:

"Pare já de fazer escândalo! Você quer que eu fique doente? Quer que eu tenha um enfarte?"

"Você vai ver quando tiver seus próprios filhos. Aí você vai ver o que é sentir-se assim!"

"Veja estes cabelos brancos! Tudo por sua culpa! Você está me matando!"

Como criança você sentiria: _____

_____

_____

8. Comparações:

"Por que você não faz como seu irmão? Ele sempre acaba seus trabalhos na hora certa!"

"Elisa é tão educada à mesa! Nunca a vi comendo com as mãos!"

"Por que você não se veste como o Ari? Ele está sempre limpo, de cabelo curto e camisa para dentro... Dá gosto vê-lo assim!"

Como criança você sentiria: _____

_____

_____

9. Sarcasmo:

"Como você é responsável! Esqueceu seu caderno na escola! Que esperto! Você é realmente muito inteligente!"

"É assim que você vai se vestir, listrado e estampado? Não tenha dúvidas de que você receberá muitos elogios!"

"Estas são as lições de casa que você vai entregar amanhã? Talvez seu professor consiga ler isto, eu não!"

Como criança você sentiria: _____

_____

_____

10. Profecias:

"Você mentiu sobre suas notas! Sabe o que você vai ser quando crescer? Uma pessoa na qual não se pode confiar!"

"Se continuar sendo tão egoísta, ninguém vai querer brincar com você! Continue assim e ficará sem nenhum amigo!"

"Você está sempre reclamando. Você não faz nada para resolver seus problemas sozinho. Já vejo você daqui a dez anos: atolado nos mesmos problemas e reclamando!"

Como criança você sentiria: _____

_____

_____

Agora que você sabe como "a criança" em você reagiria diante dessas situações, talvez fosse interessante conhecer as reações de outras pessoas. Evidentemente, crianças diferentes dão respostas diferentes. Eis alguns exemplos extraídos de um mesmo grupo.

Reprovação e acusações: "A porta é mais importante do que eu!" "Vou mentir e direi que não fui eu!" "Sou uma nulidade." "Sou um covarde." "Eu queria poder xingá-la também!" "Você está dizendo que não lhe escuto? Agora é que você vai ver!"

Insultos: "Tem razão, sou um ignorante e um burro." "Para que tentar?" "Ela vai ver. Da próxima vez não levarei nenhuma malha." "Eu a odeio!" "Lá vem ela! Vai começar tudo de novo!"

Ameaças: "Vou mexer na lâmpada quando ela não estiver olhando!" "Tenho vontade de chorar." "Estou assustado." "Deixe-me em paz!"

Ordens: "Quero ver você me obrigar!" "Tenho medo." "Não quero me mexer!" "Fico chateado com este gênio!" "Não importa o que eu faço, só crio problemas." "Como ela pode me largar aqui sozinho!"

Lições de moral: "Blablablá Quem vai escutar?" "Sou um cretino." "Não valho nada." "Eu queria fugir daqui..." "Mas que chateação!"

Advertências: "O mundo é sinistro, perigoso." "Como serei um dia auto-suficiente? Não sei fazer nada direito."

Vítima: "Me sinto culpado." "Estou com medo. Por minha culpa ela ficou doente." "Que me importa?"

Comparações: "Ela gosta mais de qualquer um do que de mim." "Detesto a minha irmã." "Sou um fracasso total." "Odeio o Ari."

Sarcasmo: "Não gosto que riam de mim. É mesquinho." "Me sinto humilhado, desorientado." "Não vale a pena eu me esforçar." "Ela vai me pagar!" "Por mais que eu me esforce, nunca vou conseguir." "Estou muito ressentido."

Profecias: "Ela tem razão. Nunca valerei nada." "Não pode confiar em mim? Ela vai ver como ela está errada." "Sou um caso perdido." "Desisto." "É, já estou condenado".

Se nós, adultos, experenciamos esses sentimentos ao ler essas palavras escritas, o que sentiriam os filhos de verdade?

Existem alternativas? Há algum modo de melhorar a cooperação de nossos filhos sem diminuir sua auto-estima, nem deixarlhes uma seqüela de sentimentos ruins? Existem métodos melhores, acessíveis aos pais, que não sejam tão prejudiciais?

Queremos compartilhar com o leitor cinco habilidades que foram muito proveitosas para nós e para os pais de nossos grupos. Nenhuma delas funcionará com todos os filhos. Nem todas se ajustarão a todos os tipos de personalidade e, finalmente, nem todas serão eficazes o tempo todo. No entanto, essas cinco habilidades ajudam a criar um clima de respeito no qual o espírito de colaboração poderá germinar.

Habilidades que incentivam a cooperação

1. Descreva o que você vê ou o problema.
2. Dê informação.
3. Fale com poucas palavras.
4. Fale sobre seus próprios sentimentos.
5. Escreva um bilhete.

DESCREVA
DESCREVA O QUE VOCÊ VÊ OU O PROBLEMA

EM VEZ DE CULPAR OU MANDAR	DESCREVA

VOCÊ É IRRESPONSÁVEL! SEMPRE LIGA A TORNEIRA E ESQUECE DE FECHÁ-LA. QUER CAUSAR UMA INUNDAÇÃO?

FILHO! A ÁGUA DA BANHEIRA ESTÁ QUASE TRANSBORDANDO!

VOCÊ NÃO LEVOU O CACHORRO PARA FORA O DIA TODO. VOCÊ NÃO MERECE TER UM ANIMAL DE ESTIMAÇÃO!

ESTOU VENDO O CACHORRO RONDANDO A PORTA...

É difícil fazer o que é preciso quando ficam falando o que há de errado com você. Concentrar-se no problema fica mais fácil quando alguém o descreve para você.

DESCREVA *(continuação)*

Quando os adultos descrevem o problema, as crianças têm a oportunidade de dizer a si mesmas o que fazer.

DÊ INFORMAÇÃO

É muito mais fácil aceitar informação do que acusação.

DÊ INFORMAÇÃO (continuação)

Quando as crianças recebem informações, elas mesmas podem concluir o que precisa ser feito.

FALE COM POUCAS PALAVRAS

Veja o contraste entre o efeito de um longo parágrafo e o efeito de uma simples palavra.

Nesse caso "menos é mais".

FALE COM POUCAS PALAVRAS (*continuação*)

As crianças não gostam de ouvir discursos, sermões e explicações longas. Para elas, quanto menor a mensagem, melhor.

FALE SOBRE SEUS PRÓPRIOS SENTIMENTOS

As crianças têm o direito de ouvir quais são os verdadeiros sentimentos dos pais. Ao descrever o que sentimos, podemos ser sinceros sem ferir.

FALE SOBRE SEUS PRÓPRIOS SENTIMENTOS (*continuação*)

Repare que os pais ajudam quando falam apenas de seus sentimentos. Eles usam a palavra "eu" ou "eu sinto…".

Cooperar com alguém que expressa irritação ou raiva é possível, desde que não se esteja sob ataque.

ESCREVA UM BILHETE

Às vezes, nada que dissermos será tão efetivo como a palavra escrita. O bilhete abaixo foi escrito por um pai cansado de remover da pia os longos cabelos de sua filha.

Este foi usado por uma mãe que trabalha fora. Ela o colou na TV.

ESCREVA UM BILHETE *(continuação)*

Este bilhete foi pendurado na porta. Era um cartaz de dois lados que permitia aos pais cansados uma hora a mais de sono na manhã de domingo. Quando ficavam prontos para deixar as crianças entrar, viravam o cartaz.

ESCREVA UM BILHETE (*continuação*)

Este pai cansou-se de gritar e finalmente deixou um bilhete que falasse por ele.

A mãe atirou um avião de papel com palavras nele para seu filho e o amigo – nenhum deles sabia ler. Eles correram para perguntar o que estava escrito e, quando descobriram, correram de volta para guardar seus brinquedos.

Pronto! Cinco habilidades que incentivam a cooperação e não deixam marcas de sentimentos negativos.

Se, por acaso, seus filhos estiverem nesse exato momento na escola, deitados ou, por milagre, brincando calmamente, esta é a oportunidade de praticar durante cinco minutos. Você pode aperfeiçoar suas habilidades com filhos hipotéticos antes que os de carne e osso caiam em cima de você.

Exercício I

Você entra em seu quarto e percebe que sua filha, recém-saída do banho, largou a toalha molhada em cima da sua cama.

a) Escreva uma típica afirmação que um pai poderia dirigir a sua criança que pudesse feri-la ou ser inútil.

_____

_____

b) Na mesma situação, mostre como cada uma das habilidades listadas a seguir poderia ser usada para incentivar sua criança cooperar:

1. Descreva:

(o que você vê ou o problema)

_____

_____

2. Dê informação:

_____

_____

3. Fale com poucas palavras:

_____

_____

4. Fale sobre seus próprios sentimentos:

_____

_____

5. Escreva um bilhete:

_____

_____

_____

Você aplicou cinco diferentes métodos à mesma situação. Nestas próximas situações, escolha um único método que você pense ser eficaz com seu filho.

Exercício II

Situação A: Você está embrulhando um pacote e não encontra sua tesoura. Seu filho tem uma tesoura, mas sempre pega a sua emprestada e não a devolve.

Afirmação inútil:

_____

_____

Reação construtiva:

_____

_____

Habilidade usada:

_____

_____

Situação B: Seu caçula, como sempre, tirou seus tênis e largou-os na entrada da cozinha.

Afirmação inútil:

_____

_____

Reação construtiva:

_____

_____

Habilidade usada:

_____

_____

Situação C: Seu filho pendurou sua capa de chuva molhada no armário.

Afirmação inútil:

_____

_____

Reação construtiva:

_____

_____

Habilidade usada:

_____

_____

Situação D: Você percebe que seu filho não tem escovado os dentes ultimamente.

Afirmação inútil:

_____

_____

Reação construtiva:

_____

_____

Habilidade usada:

_____

_____

Lembro-me das minhas próprias experiências quando comecei a exercitar essas habilidades. Eu estava tão ansiosa para colocar em ação esse novo enfoque com minha família que, ao voltar de uma reunião, tropecei em casa nos patinetes de minha filha e disse gentilmente: "Querida, os patinetes devem ser guardados no armário". Senti-me como uma vencedora. Mas quando minha filha me olhou displicentemente e voltou para sua leitura dei-lhe um tapa. Desde então aprendi duas coisas:

1) *É fundamental ser autêntica.* Se eu fingir que estou tranqüila quando estou brava, isso se volta contra mim. Além de não ser sincera, no momento em que fui muito boazinha acabei descontando em minha filha de todo jeito. Seria mais efetivo gritar: "O lugar do patinete é no armário!". Aí provavelmente minha filha teria se mexido para guardá-los.

2) *Se eu não conseguir sair vencedora da primeira vez, não significa que eu devo voltar aos métodos antigos.* Tenho mais de uma técnica à minha disposição. Posso combinar várias habilidades e, se necessário, utilizá-las de maneira crescente. Por exemplo, no caso da toalha molhada, poderia começar avisando pausadamente: "Esta toalha está molhando minha cama".

Em seguida eu poderia combinar com: "As toalhas molhadas devem ser penduradas no banheiro".

Se ainda assim a pequena continuasse absorta em seus pensamentos e eu quisesse realmente entrar em seus pensamentos, diria em voz mais alta: "Júlia, a toalha!".

Suponhamos que a menina ainda não se mexesse e eu ficasse impaciente. Sempre poderia aumentar um pouco mais o tom de minha voz: "JÚLIA, EU NÃO QUERO DORMIR A NOITE TODA NUMA CAMA ÚMIDA E FRIA!".

Talvez eu não quisesse desgastar minha voz. Se assim fosse, o certo seria eu colocar um bilhete no diário dela: "Toalhas molhadas sobre minha cama me deixam muito nervosa!".

Eu poderia até imaginar a mim mesma, bastante brava, para dizer: "Eu não gosto de ser menosprezada. Estou colocando a toalha molhada no seu banheiro, e agora você tem uma mãe muito ressentida".

Há muitas maneiras de levar uma mensagem ao interessado.

Agora talvez você queira aplicar essas habilidades a sua realidade. Se é assim, dê uma olhada na sua lista de deveres e restrições da p. 70. Seria possível que alguns itens dessa lista fossem facilitados pelo uso dessas habilidades que acabamos de discutir? Talvez as habilidades do Capítulo 1, sobre como aceitar sentimentos negativos dos filhos, contribuam também para melhorar a situação.

Dedique um tempo para refletir e anote as habilidades que você gostou e gostaria de usar durante a semana.

Problema   Habilidades que poderia usar

_____

_____

_____

_____

_____

_____

Alguns leitores talvez pensem: "Pode acontecer de meu filho não melhorar. O que eu faço?". No próximo capítulo exploraremos técnicas mais avançadas para incentivar a colaboração dos filhos. Estudaremos a resolução conjunta de problemas e outras alternativas ao castigo. Sua lição para esta semana será consolidar o que trabalhamos hoje. Porém, espero que as idéias expostas neste capítulo tornem seus próximos dias mais suportáveis.

LIÇÃO DE CASA

1. Uma coisa inútil que eu não disse esta semana:
    (Os momentos em que nos calamos podem ser tão úteis como os que falamos.)

Situação:_____

O que eu não disse: _____

2. Duas novas habilidades que coloquei em uso esta semana:
Situação 1: _____

Habilidade utilizada: _____
Reação da criança: _____
Minha reação: _____

Situação 2: _____

Habilidade usada: _____
Reação da criança: _____
Minha reação: _____

3. Um bilhete que eu tenha escrito: _____

4. Leia a Parte II deste capítulo.

Lembrete

Para incentivar a colaboração de uma criança...

1. DESCREVA O QUE VOCÊ VÊ OU O PROBLEMA.
   "Há uma toalha molhada em cima da cama."

2. DÊ INFORMAÇÃO.
   "A toalha está deixando meu cobertor molhado."

3. FALE COM POUCAS PALAVRAS.
   "A toalha!"

4. FALE SOBRE SEUS PRÓPRIOS SENTIMENTOS.
   "Eu não gosto de dormir numa cama úmida."

5. ESCREVA UM BILHETE.
   (e pendure no cabide de toalhas)
   "Por favor, coloque-me de volta para eu secar.

   Obrigada,
   Sua toalha."

Parte II: Comentários, perguntas e histórias de pais

Questões

1. "Como" você diz algo para uma criança não é tão importante como "o que" você diz?

Com certeza é. A atitude por trás de suas palavras é tão importante quanto as próprias palavras. A atitude que as crianças percebem é a que comunica: "Você é basicamente uma pessoa amável e capaz. Agora mesmo existe um problema que requer sua atenção. Uma vez que tenha tomado consciência dele, o mais provável é que vá agir com responsabilidade".

A atitude que prejudica os filhos é a que diz: "Você é basicamente irritante e incapaz. Você está fazendo sempre alguma coisa errada e este último incidente é uma prova a mais de sua completa incapacidade".

2. Se a atitude é tão importante, por que se preocupar com palavras?

Um olhar de desgosto do pai, ou um tom de desdenho, pode ferir profundamente uma criança. Mas, se ainda mais o filho ouvir palavras como: "bobo", "descuidado", "irresponsável", "você não tem jeito", "nunca vai aprender", se sentirá ferido duplamente. De alguma forma, as palavras acabam por permanecer de maneira duradoura e venenosa na memória. A pior parte é que, às vezes, as crianças ressuscitam essas palavras e, em algum momento, no futuro, as usam como armas contra si próprias.

3. Que há de errado em dizer "por favor" para uma criança, se você quer que ela lhe faça algo?

Certamente para pedir pequenos favores, como "Por favor, passe o sal", ou "Por favor, segure a porta", a expressão "por favor" é uma cortesia comum. Uma forma de despir da frieza uma ordem crua.

Dizemos "por favor" aos nossos filhos para dar o modelo de uma forma aceitável socialmente, de fazer um pequeno pedido.

Mas a expressão "por favor" é mais adequada para momentos mais descontraídos. Quando estamos bravos, um "por favor" gentil pode levar a problemas. Considere o diálogo a seguir:

MÃE: (*tentando ser boazinha*) Por favor, não pule no sofá!

A criança continua.

MÃE: (*mais alto*) Por favor, não faça isso...

A criança pula de novo.

MÃE: (*de repente, bate forte na criança*) Eu disse "por favor", não disse?

O que aconteceu? Por que a mãe foi da polidez para a violência, em alguns segundos? O fato é que quando você se esforça e é ignorada a raiva surge instantaneamente. Você tende a pensar: "Como ousa me desafiar, depois de eu ter sido tão boazinha? Eu vou lhe mostrar... Toma!".

Quando você quer que algo seja feito imediatamente, o melhor é falar firme, em vez de implorar. Um firme e alto "Os sofás não são feitos para se pular" provavelmente interromperia os pulos muito mais cedo. (E, se o jovem persistir, ele pode ser retirado de lá, com força, com a repetição firme de "Não pule no sofá!".)

4. Como explicar o fato de que, às vezes, meus filhos obedecem quando eu lhes peço algo e outras vezes pareço não existir?

Certa vez perguntamos a um grupo de alunos por que em certos momentos eles não obedeciam a seus pais. Isto foi o que eles nos responderam:

"Quando eu chego em casa, da escola, estou cansado. E, se minha mãe me pede para fazer algo, finjo que não a ouço."

"Outras vezes, estou tão ocupado brincando ou vendo TV que realmente não a ouço." "Às vezes, estou bravo com alguma coisa que aconteceu na escola, e não tenho vontade de fazer o que ela me pede."

Além dos pensamentos das crianças, aqui vão algumas questões que talvez você queira perguntar a si mesmo, quando sente que não está conseguindo dar conta:

- Meu pedido faz sentido considerando a idade e habilidade do meu filho? (Eu estou esperando que uma criança de oito anos tenha modos perfeitos à mesa?)

- Ele sente que meu pedido não é razoável? (Por que minha mãe insiste em que eu lave atrás das minhas orelhas? Ninguém vai ver!)

- Eu posso lhe dar uma escolha sobre *quando* fazer algo, em vez de insistir em que seja "agora mesmo"? (Você quer tomar seu banho antes do programa de TV ou logo depois?)

- Eu posso oferecer uma escolha sobre *como* fazer algo? (Você quer tomar seu banho com sua boneca ou com seu barquinho?)

- Há algumas mudanças físicas que podem ser feitas em casa que incentivem a cooperação? (Alguns cabides podem ser colocados mais baixos no armário para eliminar a luta com eles? Será que algumas prateleiras adicionais no quarto de uma criança tornariam a arrumação menos difícil?)

- Finalmente, os momentos que passo com meu filho são, na maioria, para pedir ou fazer coisas? Ou estou reservando algum tempo para estar com ele, apenas para estarmos juntos?

5. **Devo confessar que no passado eu disse tudo o que não devia para minha filha. Agora estou tentando mudar e ela está me dando trabalho. O que posso fazer?**

A criança que foi submetida a doses excessivas de crítica pode ser supersensível. Mesmo o gentil "Não esqueça sua lancheira!" pode parecer a ela um indicador a mais de seu caráter de esquecida. Essa criança necessita de uma tolerância extrema e uma grande dose de aprovação, antes que possa ouvir qualquer coisa que lembre uma leve desaprovação.

No próximo capítulo, você encontrará meios de ajudar seu filho a se ver de forma mais positiva. Enquanto isso, provavelmente, haverá um período de transição no qual ele pode reagir suspeitando, ou mesmo demonstrando hostilidade em relação à nova abordagem de seus pais.

Mas, de qualquer maneira, não deixe a atitude negativa de sua filha desencorajá-lo.

Todas as habilidades que você leu são formas de demonstrar respeito por outras pessoas. Não há ninguém que não responda favoravelmente, mais cedo ou mais tarde.

6. O humor funciona melhor com o meu filho. Ele adora quando lhe peço para fazer alguma coisa de forma divertida. Posso usá-lo?

Se você consegue atingir a mente de seu filho por intermédio do humor, melhor para você. Não há nada como um pouco de humor para levar a criança à ação e melhorar o ambiente da casa. O problema para os pais é que o seu senso natural de diversão torna-os frios, diante das irritações diárias no convívio com crianças.

Um pai disse que uma forma infalível para ele de revestir as tarefas de um espírito de brincadeira era usar outra voz ou sotaque. O favorito das crianças era o seu sotaque de robô: "Este é o RC3C, a – próxima – pessoa – que – pegar – gelo – e – não – encher – a – bandeja – será – mandada – para – a – órbita – fora – do – espaço. Por – favor, – dêem – uma – resposta – rápida – e – afirmativa".

7. Às vezes me dou conta de que estou repetindo quinhentas vezes a mesma coisa. Mesmo que eu use as habilidades, ainda parece que estou resmungando. Há uma forma de evitar isso?

Com freqüência o que nos torna repetitivo é quando a criança age como se não estivesse nos ouvindo. Quando você estiver tentada a lembrá-la de alguma coisa pela segunda ou terceira vez, contenha-se. Em vez disso, *descubra se a criança ouviu o que você disse*. Exemplo:

MÃE:	Caio, nós estamos indo embora em cinco minutos.
CAIO:	(*Não responde e continua a ler a revista em quadrinhos*).
MÃE:	Você poderia repetir o que eu acabei de dizer?
CAIO:	Você disse que nós vamos sair em cinco minutos.
MÃE:	OK, agora que sei que você sabe, não vou mencionar novamente.

8. **O problema é que quando peço ajuda meu filho diz: "Tá bom, pai, já vou". Mas depois ele nunca cumpre. O que faço, então?**

Isto é um exemplo de como um pai lidou com essa questão:

PAI:	Gabriel, já faz duas semanas que a grama não foi cortada. Não dá para passar de hoje.
FILHO:	Tá bom, pai. Já vou.
PAI:	Eu me sentiria melhor se eu soubesse quando você planeja fazê-lo.
FILHO:	Logo que este programa na TV acabar...
PAI:	E quando será isto?
FILHO:	Daqui a uma hora.
PAI:	Está bem; agora sei que a grama será cortada daqui a uma hora. Obrigado, Gabriel.

Comentários, precauções e anedotas sobre cada habilidade

I. Descreva. (Descreva o que vê ou o problema.)

A melhor parte de usar a linguagem descritiva é que elimina o dedo apontado e as acusações e ajuda toda a família a focalizar o que precisa ser feito.

"O leite derramou. Precisamos de uma esponja."

"A jarra quebrou. Precisamos de uma vassoura."

"Esse pijama rasgou. Precisamos de linha e agulha."

Agora sugiro a você treinar cada uma das afirmações acima, só que dessa vez comece cada sentença com "você". Por exemplo, "Você derramou o leite... Você quebrou a jarra... Você rasgou o pijama..." Reparou a diferença? Muitas pessoas alegam que o "você" as faz sentir-se acusadas e na defensiva. Quando descrevemos o evento (em vez de falar sobre o que "você fez"), parece que facilitamos à criança ouvir qual é o problema e buscar uma solução.

* * *

Fiquei furiosa quando meus dois filhos pequenos vieram jantar cobertos de tinta guache verde, mas estava determinada a não perder a calma nem gritar com eles. Voltei-me para a lista de habilidades que eu tinha colado na porta da despensa e usei a primeira que vi – Descreva o que você vê. Eis o que aconteceu:

EU: "Vejo dois meninos com tinta verde nas mãos e no rosto!".

Eles se olharam e correram para o banheiro para se lavar.

Um pouco depois, fui ao banheiro e estava pronta para gritar de novo. Os azulejos estavam cobertos de tinta! Mas me ative à minha única habilidade.

EU: "Vejo tinta verde nas paredes do banheiro".

Meu filho mais velho correu para pegar um pano dizendo: "Guerreiros, ao combate!". Cinco minutos depois ele me chamou para inspecionar a tarefa.

EU: (*ainda descrevendo*) "Vejo que uma pessoa muito ágil limpou toda a tinta verde da parede do banheiro".

Meu filho mais velho ficou radiante. Então o menor anunciou: "E agora *vou* limpar a pia!".

Se eu não tivesse visto com meus próprios olhos, não acreditaria.

Precauções: Pode acontecer de usar essa habilidade de uma forma que seja irritante. Por exemplo, um pai nos contou que estava de pé em frente da porta num dia frio e disse a seu filho, que acabara de entrar: "A porta está aberta". O menino respondeu: "Então por que você não fecha?".

O grupo entendeu que o menino traduziu a afirmação descritiva do pai como: "Estou querendo te obrigar a fazer a coisa certa –

Entendeu a indireta?". O grupo concluiu também que as declarações descritivas funcionam melhor quando o filho sente que sua ajuda é realmente necessária.

II. Dê informação

O que mais gostamos ao dar informação é que, de certo modo, você está oferecendo ao filho um presente que ele sempre·poderá usar. A vida toda ele saberá que "o leite azeda quando fica fora da geladeira"; que "os machucados precisam ser desinfetados"; que "os discos deformam se ficam no sol", que "as frutas precisam ser lavadas antes de ingeridas"; que "os biscoitos ficam moles quando a caixa fica aberta". Os pais nos contaram que a habilidade de dar informação não é difícil. Difícil é deixar o insulto final como: "A roupa suja deve ser colocada no cesto. Será que você nunca vai aprender?".

Também gostamos de dar informação aos nossos filhos porque parece ser um ato de confiança. Eles dizem a si mesmos: "Os adultos pensam que agiremos com maior responsabilidade desde que saibamos o que fazer".

* * *

Mônica voltou da reunião de bandeirantes vestindo o uniforme. E começou a brincar no jardim. Tive de insistir umas três ou quatro vezes para ela colocar sua calça jeans. Ela não parava de perguntar: "Por quê?".

"Porque você vai rasgar seu uniforme", respondia.

Finalmente eu disse: "Estas calças são para brincar no jardim; o uniforme é para as reuniões de bandeirantes".

Para minha surpresa, ela parou o que estava fazendo e se trocou em seguida.

* * *

Um pai nos contou uma experiência vivida com seu filho recém-adotado, coreano, de cinco anos:

Kim e eu fomos visitar um vizinho e devolver-lhe uma escada. Quando estávamos chegando, um grupo de meninos que brincavam na rua acenou e gritou: "O chinês! A peste amarela!". Kim ficou perplexo e triste, pois não conhecia o significado dessas palavras.

Veio-me à mente uma série de pensamentos: "Estes pequenos canalhas nem sequer acertaram o país de origem de Kim. Eu gostaria de lhes dizer umas verdades e chamar seus pais, mas eles acabariam descontando tudo no Kim. Por bem ou por mal, são nossos vizinhos e teremos de conviver com eles".

Aproximei-me dos meninos e lhes disse com calma: "Insultar pode ferir os sentimentos".

Minhas palavras pareceram desconcentrá-los. (Talvez esperassem uma briga.) Depois entrei na casa do meu vizinho, mas deixei a porta aberta. Não obriguei Kim a me acompanhar. Cinco minutos mais tarde, olhei pela janela e vi meu filho jogando com os outros meninos.

* * *

De repente vi Jéssica de três anos no triciclo, acompanhando seu irmão de oito anos, pedalando rua abaixo. Felizmente não havia carros à vista. Gritei: "Jéssica, com duas rodas você pode andar na rua! Quem anda com três rodas deve subir na calçada".

Jéssica desmontou do triciclo, contou vagarosamente o número de rodas, foi para perto da calçada e continuou andando.

Precauções: Abstenha-se de dar uma informação se a criança já a conhece. Por exemplo, se dissermos a uma jovenzinha de dez anos: "O leite pode estragar se não for colocado na geladeira", ela chegará à conclusão de que ou a consideramos uma boba ou estamos sendo sarcásticos.

III. Fale com poucas palavras

Muitos pais têm nos contado o quanto apreciam essa habilidade. Afirmam que economiza tempo, fôlego e explicações chatas.

Os adolescentes com quem temos trabalhado nos dizem que também preferem um aviso curto: "A porta", "O cachorro", "Os pratos", e acham que é um alívio em vez do sermão costumeiro.

Achamos que o valor dessas falas resumidas, em vez de uma ordem opressora, dá ao filho a oportunidade de exercer sua própria iniciativa e usar sua própria inteligência. Quando nos ouve dizer: "O cachorro", tem de pensar: "O que acontece com o cachorro? Ah, claro! Esta tarde não o levei para passear. É melhor fazê-lo agora!".

Precauções: Não use o nome de seu filho como palavra-chave. Quando a criança ouve muitas vezes por dia um "Susie" desaprovador, começa a associar seu nome a uma censura paterna.

IV. Fale sobre seus próprios sentimentos

A maioria dos pais se sente aliviada quando percebe que pode ser positivo compartilhar seus sentimentos com os filhos, e não é necessário ter uma paciência ilimitada. Os filhos não são tão frágeis. São perfeitamente capazes de ouvir declarações como:

"Agora não é uma boa hora para vermos sua redação. Estou tensa e confusa. Depois do jantar posso dar a você toda a atenção que merece."

"Me fará bem descansar durante uns minutos. Estou muito irritada e não tem nada a ver com você."

Uma mãe que educava seus filhos sozinha nos disse que se sentia muito mal por não ter paciência suficiente com eles. Depois decidiu assumir mais seus sentimentos e deixar os filhos percebê-los, de uma maneira que pudessem compreender.

Começou a aceitar mais seus próprios sentimentos e contar a seus filhos como se sentia: "Agora estou com a paciência de uma laranja". Depois de um tempinho ela dizia: "Agora estou com a paciência de uma ervilha. Acho que deveríamos parar, antes que a paciência acabe".

Ela percebeu que seus filhos a levaram a sério, pois certa noite um deles lhe disse: "Mamãe, como está sua paciência agora? Dá para contar uma história?".

Outros pais nos contaram ter dificuldades em revelar seu estado de ânimo. Se compartilhassem suas emoções, não demonstrariam ser vulneráveis? E se dissessem a seus filhos "Isto ou aquilo me irrita" e eles respondessem sem ligar: "E daí, o que me importa!".

A experiência nos confirmou muitas vezes que os filhos cujos sentimentos são respeitados têm uma tendência maior de respeitar os sentimentos dos adultos. Mas de fato pode ocorrer uma fase transitória na qual surja a frase: "E quem se importa?". Se isso acontecer alguma vez, não tenha dúvidas em sinalizar: "A mim, importa muito o que *eu* sinto. E também me importo com o que *você* sente. Acho que somos uma verdadeira família na qual todos nos preocupamos uns com os sentimentos dos outros".

Precauções: Algumas crianças são bem suscetíveis à desaprovação dos pais. Para elas, frases como "Estou indignado" são muito fortes e não conseguem resistir. Por vingança, contestam em tom de briga: "Eu também estou indignado com você". Com esses filhos, é melhor limitar-se a manifestar suas expectativas. Por exemplo, em vez de dizer: "Eu não gosto que você puxe o rabo do gato", seria mais produtivo dizer: "Devemos tratar bem os animais".

V. Escreva um bilhete

A maioria das crianças adora receber bilhetes – as que sabem ler e as que não sabem. As pequenas ficam em geral emocionadas ao receber uma mensagem escrita por seus pais. Isso as encoraja a escrever ou desenhar bilhetes de volta aos autores.

As mais velhas também gostam desse tipo de comunicação. Um grupo de adolescentes com o qual trabalhamos nos disse que um bilhete pode fazer com que você se sinta bem – "como se você tivesse recebido uma carta de um amigo". Eles ficaram emocionados porque seus pais pensaram neles o bastante para despender tempo e se importaram em escrever-lhes. Um jovem disse que o que mais apreciara nos bilhetes fora que "eles não aumentavam de volume!".

Os pais relataram que eles, de sua parte, também eram a favor da prática de bilhetes. É um modo fácil e rápido de se aproximar de uma criança, e ao mesmo tempo proporciona uma reação prazerosa.

Uma mãe nos disse que deixa um bloco e um copo com uma dúzia de lápis no balcão da cozinha. Várias vezes por semana ela se vê em uma situação em que ou as crianças já a ouviram tanto fazer o mesmo pedido que nem a ouvem mais, ou ela está quase desistindo da ajuda deles e fazendo a tarefa sozinha.

Nesses momentos, ela diz que lhe é mais fácil pegar um lápis que abrir a boca.

Eis uma amostra de alguns de seus bilhetes:

> Querido Caio,
> Eu não saí desde hoje de manhã. Me ajude.
> Seu cachorro, Pingo.

> Querida Sueli,
> Esta cozinha precisa ser posta em ordem.
> Por favor, retire:
> 1. os livros do fogão;
> 2. os sapatos da entrada;
> 3. a roupa do chão;
> 4. os restos de biscoito da mesa.
> Agradeço desde já.
> Mamãe.

> Aviso:
> Hora de histórias, hoje às 7h30.
> Todas as crianças que estiverem de
> pijama e com os dentes escovados
> estão convidadas.
> Com amor,
> Mamãe e papai.

Um toque de humor não é imprescindível nos bilhetes, mas com certeza pode ajudar. No entanto, algumas vezes a situação não é divertida e o humor seria inadequado. Estamos pensando no pai que nos contou que sua filha estragou seu CD novinho por tê-lo tocado no aparelho cujo leitor ótico estava estragado. Revelou que, se não tivesse sido capaz de dissipar sua raiva escrevendo, ele a teria castigado. Eis o seu bilhete:

> Aline,
> ESTOU FURIOSO!
> Meu CD novo foi pego sem a minha licença e agora está todo riscado e não toca mais.
>
> PAPAI BRAVO

Um pouco mais tarde, o pai recebeu este bilhete, com a resposta da filha:

> Querido papai,
> Eu *sinto muito, mesmo*. Vou lhe comprar outro este sábado, e não importa o quanto custe, você pode descontar da minha mesada.
>
> Aline

Nunca deixamos de nos maravilhar com as crianças que não sabem ler e dão um jeito de "ler" os bilhetes que seus pais lhes escrevem. Eis o depoimento de uma jovem mãe, que trabalha fora.

A pior hora para mim é quando chego em casa do trabalho e tento preparar o jantar em 20 minutos, enquanto as crianças correm pra lá e pra cá, entre a geladeira e o cesto de pães. Até que a comida seja servida, eles perderam o apetite.

Na segunda-feira passada, à noite, pendurei um bilhete colorido na porta: "Cozinha fechada até o jantar".

Meu filho de quatro anos logo quis saber o que ele dizia. Expliquei cada palavra. Ele respeitou tanto esse bilhete que nem punha o pé na cozinha. Ficou brincando com sua irmã do lado de fora da porta até que tirei o bilhete e disse-lhe para entrar.

Na noite seguinte, coloquei o bilhete novamente. Enquanto preparava os hambúrgueres, ouvi meu filho explicando à sua irmã de dois anos o que significava cada palavra. Então, vi-o apontando cada letra e lendo: "... Cozinha... fechada... até... o jantar".

O bilhete, cujo uso foi mais incomum, nos foi relatado por uma mãe que estudava. Eis a sua história:

Em um momento de fraqueza, ofereci minha casa a um encontro de 20 pessoas. Eu estava tão preocupada em ter tudo pronto a tempo que saí da escola mais cedo.

Quando cheguei em casa, dei uma olhada geral e meu coração quase parou. Estava uma bagunça: pilhas de jornais, cartas, livros, revistas, o banheiro estava sujo, as camas desarrumadas. Eu tinha pouco mais de duas horas para arrumar tudo e estava começando a ficar histérica.

As crianças iam chegar em casa a qualquer momento, e eu sabia que não conseguiria lidar com um único pedido delas ou tampouco com suas brigas.

Mas eu não estava disposta a conversar ou explicar. Decidi escrever um bilhete, mas não havia nenhuma superfície livre na casa onde algo pudesse ser colocado. Então, peguei um pedaço de cartão, fiz dois furos, amarrei um barbante e pendurei um aviso em meu pescoço:

"Bomba-relógio humana"
Se importunada ou irritada
vai explodir!!!
Vão chegar visitas.
Precisa-se de ajuda com urgência!

Aí comecei a trabalhar rapidamente. Quando as crianças chegaram em casa, leram meu aviso e *se ofereceram* para arrumar seus livros e brinquedos. Então, sem que eu dissesse nenhuma palavra, eles arrumaram suas camas – *e a minha!* Inacreditável.

Eu estava prestes a arrumar o banheiro quando a campainha tocou. Entrei em pânico por um momento, mas era só o homem entregando as cadeiras extras. Dei sinal para que ele entrasse e fiquei admirada, porque ele não se movia. Ele apenas olhava assustado para o meu peito.

Olhei para baixo e vi o aviso, ainda ali. Quando comecei a explicar, ele disse: "Não se preocupe, senhora. Acalme-se. Só me diga onde quer as cadeiras e eu as arrumarei para a senhora".

* * *

As pessoas nos perguntavam: "Se eu usar essas técnicas apropriadamente, meus filhos sempre vão responder?".

Nossa resposta é: Esperamos que não! As crianças não são robôs. Além do mais, nosso propósito *não* é estabelecer uma série de técnicas para manipular o comportamento, para que as crianças sempre correspondam. Nosso intuito é falar para a melhor parte de nossos filhos – sua inteligência, sua iniciativa, seu senso de responsabilidade, seu senso de humor, sua capacidade de mostrar sensibilidade às necessidades dos outros.

Queremos pôr um fim ao discurso que fere o espírito, e buscar a linguagem que nutre a auto-estima.

Queremos criar um clima emocional que incentive os filhos a cooperar, porque eles se importam com eles próprios e conosco.

Queremos demonstrar o tipo de comunicação respeitosa que esperamos que nossos filhos usem conosco – agora, durante a adolescência e, finalmente, como amigos, quando adultos.

3 Alternativas ao castigo

Parte I

Ao usar as habilidades para incentivar a cooperação, você notou que é necessário pensar e ter autocontrole para não dizer as coisas que normalmente falamos? Para muitos de nós, sarcasmo, repreensões, avisos, xingamentos e ameaças permeiam a linguagem que ouvimos durante nosso crescimento. Não é fácil desistir do que nos é familiar.

Alguns pais nos contaram como se sentiram chateados porque, mesmo depois de assistirem à sessão, se flagraram falando coisas de que não gostavam. A única diferença é que agora eles ouviam a si mesmos. Para nós, isso representa um grande progresso. Ouvir a si mesmo é o primeiro passo rumo à realização de mudanças.

E sei, com base em minha própria experiência, que não é fácil mudar. Ouço a mim mesma dizendo as mesmas coisas erradas de antes – "O que há de errado com vocês, crianças, nunca se lembram de apagar as luzes?" – e fico chateada comigo mesma. Eu tinha decidido jamais repetir isso e, então, digo de novo. Remorso. "Eu nunca vou aprender tudo isso... Como eu pude dizer isso?... Eu sei... Eu deveria ter dito: 'Crianças, as luzes do banheiro estão acesas' ou, melhor ainda, 'Crianças, as luzes!'". E então começo a me preocupar em não ter mais a oportunidade de dizê-lo. Mas não tenho com que me preocupar. Alguém sempre deixa a luz acesa no banheiro, mesmo! Mas da vez seguinte eu estava preparada! "Crianças, a luz." Alguém correu e apagou a luz. Sucesso!

Porém algumas vezes eu dizia tudo do jeito errado, e nada parecia resolver. As crianças ou me ignoravam ou, até pior, me desafiavam! Só havia uma coisa que eu queria fazer: CASTIGÁ-LOS!

Para que possamos entender melhor o que ocorre entre as pessoas, quando uma pune a outra, leia as duas cenas descritas a seguir e responda às perguntas subseqüentes:

Cena 1

MÃE: Pare de correr nos corredores! Eu quero que você segure no carrinho da mamãe enquanto estamos fazendo compras! Por que você está mexendo em tudo? Já lhe disse para segurar no carrinho! Coloque estas bananas de volta! Não vamos comprá-las, temos muitas em casa! Pare de apertar os tomates! Estou lhe avisando: se você não segurar no carrinho, vai se arrepender! Tire a mão daí, *eu pego* o sorvete! Você está correndo de novo, quer cair?

Está bem, chega. Você viu que quase derrubou aquela senhora? Agora você vai levar um castigo. Não vai comer nem uma colher desse sorvete que eu tinha comprado para você! Aí, talvez você aprenda a não se comportar como um bicho selvagem!

Cena 2

PAI: Caio, você está usando o meu serrote?

CAIO: Não.

PAI: Tem certeza?

CAIO: Sério, nem toquei nele.

PAI: E como eu o achei lá fora, cheio de ferrugem, onde você e seu amigo estavam construindo um carrinho de mão?

CAIO: Ah, é mesmo! A gente estava usando na semana passada e então começou a chover e nós entramos, acho que esqueci.

PAI: Então você mentiu!

CAIO: Não menti, esqueci. De verdade!

PAI: Sim, como você esqueceu meu martelo na outra semana e a chave de fenda na semana anterior.

CAIO: Pai, foi sem querer! Às vezes a gente só esquece!

PAI: Talvez isto ajude você a se lembrar. Não só você está terminantemente proibido de chegar perto da minha caixa de ferramentas, como também vai ficar em casa por ter mentido, e nós todos vamos ao cinema.

Perguntas:

1. O que levou os pais de cada cena a castigar seus filhos?

Primeira cena:_____

_____

_____

Segunda cena:_____

_____

_____

2. O que você acha que os filhos sentiram quando foram castigados?

Primeira cena:_____

_____

_____

Segunda cena:_____

_____

_____

Castigar ou não castigar?

Sempre que essa questão surge no grupo, costumo perguntar: "Por quê? Por que castigamos?''. Eis algumas respostas que alguns pais nos deram:

"Se não ameaçarmos ou castigarmos, os filhos sempre vão achar que podem fazer o que quiserem, que ninguém vai puni-los."

"Se não castigo meu filho, como ele vai aprender que o que fez está errado, que não deve repeti-lo?"

"Castigo meus filhos porque é a única linguagem que eles entendem!"

Quando pedi aos pais que lembrassem seus próprios sentimentos quando eram castigados na infância, obtive as seguintes respostas:

"Eu me revoltava contra minha mãe. Eu pensava: 'Ela é uma bruxa!'. E depois me sentia culpada."

"Eu costumava achar que meu pai estava certo: 'Eu sou mau e mereço ser castigado'."

"Eu costumava fantasiar que ficava muito doente, então eles se arrependiam do que tinham feito comigo."

"Eu me lembro que pensava: 'Como eles são ruins, vou mostrar para eles. Vou fazer de novo, só que da outra vez não vou ser pego'."

Pouco a pouco os pais iam se conscientizando de que a punição podia levar a sentimentos de ódio, vingança, desafio, culpa, falta de valor e autopiedade. No entanto, ainda estavam preocupados:

"Se eu renunciar ao castigo, vou passar para eles as rédeas do controle?"

"Eu tenho medo de perder meu mecanismo de controle e ficar fraco."

Eu entendia a preocupação deles. Lembro-me de quando perguntei ao dr. Ginott: "Em que situação é correto usar punição se a criança nos ignora ou nos desafia? Não deve haver conseqüências para a criança que se comporta mal?".

Ele respondeu que esse filho *deveria* experenciar as conseqüências de seu mau comportamento, mas não punição. Pelo seu critério, num relacionamento carinhoso, não havia lugar para a punição.

Insisti: "Mas suponha que a criança continue a desobedecer. Então não é certo castigá-la?".

Dr. Ginott disse que o problema com o castigo é que não soluciona nada, é uma distração, que em vez de o filho se sentir chateado pelo que fez e refletir sobre como poderia melhorar, ele se preocupa com fantasias de vingança. Em outras palavras: ao se castigar uma criança, na verdade a impedimos de um processo interno muito importante de enfrentar o seu próprio mau comportamento.

Esta forma de pensar – que a punição não funciona por ser distração – foi de fato nova para mim. Mas levou-me a outra questão: O que eu podia fazer em vez de punir?

Detenha-se por algum momento e pense de que outro modo os pais poderiam lidar com as duas situações que acabamos de ler. Veja outras idéias que aparecem.

1. Que outras possibilidades – em vez de castigo – poderiam ser empregadas para a criança no supermercado?

_____

_____

_____

_____

2. Que outras possibilidades – em vez de castigo – poderiam ser empregadas para corrigir o menino que usou as ferramentas do pai e não devolveu?

_____

_____

_____

_____

Sempre me impressiono com a capacidade de criação dos pais. Dando-lhes um pouco de tranqüilidade e algum tempo para refletir, eles nos trazem uma grande diversidade de meios para resolver os problemas, sem que haja necessidade de castigar.

Por exemplo, vejamos as sugestões que surgiram em um único grupo:

Na cena da criança correndo pelo supermercado, mãe e filho poderiam ensaiar em casa um "falso" supermercado. Poderiam interpretar a cena, a mãe repassaria as regras elementares de como se comportar naquele local.

Poderiam escrever juntos um pequeno livro, com ilustrações, com o título de *Júlio vai ao supermercado*. A obra incluiria as responsabilidades de Júlio como membro ativo da equipe compradora: empurrar o carrinho, colocar as compras no carrinho, tirá-las e selecioná-las.

Ou também, Júlio, com o auxílio de sua mãe, poderia ajudar a elaborar a lista de alimentos – com imagens ou palavras –, e ele próprio poderia se encarregar de encontrá-las e colocá-las na cesta.

Para o caso de Caio, que esqueceu o serrote no jardim, pai e filho poderiam criar um sistema "bibliotecário" com fichas, para que se registrasse a saída de cada ferramenta, que deveria ser devolvida antes de emprestar a próxima.

O pai poderia comprar para seu filho um jogo básico de ferramentas no seu próximo aniversário. Ou o filho poderia começar a economizar para comprar seu próprio jogo de ferramentas.

Como você deve ter observado, essas sugestões previnem situações estressantes. Não seria fantástico se pudéssemos resolver os problemas planejando antes? Para tais circunstâncias, nas quais não podemos ter nem a previsão nem a energia para pensar, aqui estão algumas alternativas ao castigo que podem ser usadas rapidamente.

Alternativas ao castigo

1. Mostrar como ser útil.
2. Expressar sua forte desaprovação (sem atacar o caráter).
3. Fale sobre suas expectativas.
4. Ensinar a seu filho como se retratar.
5. Dar opções.
6. Tomar uma atitude.
7. Permitir que seu filho experiencie as conseqüências de suas ações.

ALGUMAS ALTERNATIVAS AO CASTIGO

EM VEZ DE...	MOSTRE-LHE COMO SER ÚTIL.
AH! VOCÊ VAI APANHAR DO SEU PAI QUANDO CHEGAR EM CASA!	SERIA UMA BOA AJUDA SE VOCÊ ESCOLHESSE LIMÕES GRANDES PARA NÓS.

EM VEZ DE...	EXPRESSE SUA DESAPROVAÇÃO.
VOCÊ PARECE UM ANIMAL! NÃO VAI ASSISTIR À TV HOJE À NOITE!	NÃO ESTOU GOSTANDO! CRIANÇAS CORRENDO PELO CORREDOR INCOMODAM AS PESSOAS.

ALGUMAS ALTERNATIVAS AO CASTIGO

EM VEZ DE...	DÊ-LHE UMA ESCOLHA.
SE EU TE PEGAR CORRENDO DE NOVO, VOU TE BATER!	*FILHO, NADA DE CORRER! VOCÊ PODE ESCOLHER ENTRE ME AJUDAR OU FICAR SENTADO AQUI.*

EM VEZ DE...	RECORRA À AÇÃO (RETIRE OU CONTENHA).
FOI VOCÊ QUE PEDIU!	*VEJO QUE VOCÊ ESCOLHEU SENTAR NO CARRINHO.*

Mas suponha que ele se comporta tão mal que a mãe é obrigada a sair do supermercado. O que fazer? No dia seguinte, sem discurso ou lição de moral, ela pode deixá-lo vivenciar as conseqüências de seu mau comportamento.

DEIXE SEU FILHO ARCAR COM AS CONSEQÜÊNCIAS

ALTERNATIVAS AO CASTIGO

Para muitas crianças, qualquer dessas abordagens basta para incentivá-las a agir com mais responsabilidade.

ALTERNATIVAS AO CASTIGO (*continuação*)

Mas suponha que o filho continue a pegar a ferramenta emprestada, esquecendo-se de guardá-la.

Agora vejamos outra maneira de lidar com um problema disciplinar persistente. No final de um *workshop*, uma mãe descreveu as dificuldades que estava tendo para que seu filho, Beto, chegasse em casa na hora. Ela nos contou de suas desculpas constantes, suas promessas e os relógios quebrados. Pela reação dos outros pais, enquanto ela falava, estava claro que seu problema não era incomum.

Antes da sessão seguinte, preparei um exercício para o grupo. Tomei a situação original e a reformulei pelo que imaginei ser o ponto de vista de Beto. Então, escrevi três formas possíveis de os pais lidarem com o problema de atraso crônico de Beto.

O leitor pode tentar realizar agora este exercício. Depois de ler a história de Beto e a reação de cada mãe, escreva como você acha que Beto se sentiu.

História de Beto

Depois da aula, eu gosto de jogar com meus amigos no pátio. Sei que devo estar em casa às quinze para as seis, mas às vezes me esqueço. Ontem e anteontem me atrasei. Minha mãe ficou tão brava que hoje tomei mais cuidado e perguntei as horas ao meu amigo. Não queria que minha mãe brigasse novamente comigo. Meu amigo me disse que eram seis e quinze. Parei de jogar no mesmo instante e corri para casa. Expliquei à minha mãe que *tinha lembrado* de perguntar as horas, mas já era tarde, e então eu corri para casa o mais rápido que pude.

Primeira resposta dos pais

"Eu já estou farto de suas desculpas! Agora vejo que não posso confiar em você. Bem, desta vez, vou lhe castigar. Na próxima semana, todo dia, você virá direto para casa depois da aula e *não sairá* mais. E não pense que vai ficar assistindo à TV, porque, mesmo que eu não esteja, vou dizer para a empregada que você não pode assistir televisão. Agora, você pode ir direto para o seu quarto, porque o jantar acabou!"

O que Beto diria para si mesmo?

_____

Segunda resposta dos pais

"Oh, querido, você está suado de tanto correr. Vou pegar uma toalha para secar o seu rosto. Prometa-me que você nunca vai se atrasar de novo.

Você está me pondo louca. Agora, vá e lave suas mãos, e por favor depressa, pois o jantar está esfriando... Oh, acho que vou esquentar para você."

O que Beto diria para si mesmo?

_____

Terceira resposta dos pais

"Você está me dizendo que fez um esforço e fico satisfeita em ouvir isso. Mas ainda me sinto angustiada. Não quero ter de passar de novo por esse tipo de aborrecimento. Espero que, quando você disser que chegará em casa às quinze para as seis, eu possa contar com isso.

Nós já comemos. Não tem mais frango, mas, se você quiser, pode fazer um sanduíche."

O que Beto diria para si mesmo?

_____

Evidentemente é impossível saber o que de fato Beto disse para si mesmo, mas talvez você queira tomar conhecimento das conclusões de outros pais do grupo que fizeram esse exercício. Acharam que a primeira mãe foi muito punitiva. (O filho pensaria: "Ela é má. Vou me afastar dela".) A segunda foi boazinha demais. (O filho diria: "Eu posso fazer o que me der vontade".) A terceira agiu na medida certa. Tinha autoridade, mas sem precisar castigar. (Seu filho talvez diria: "Mamãe está realmente chateada. É melhor eu chegar em casa na hora a partir de agora. E ela confia em mim: não posso falhar... E eu não gosto de ter de fazer um sanduíche tão ruim sozinho".)

Com esse exercício em mente, a mãe foi para casa e ensaiou a terceira atitude. Deu resultado... durante três semanas. Logo Beto voltou a seus antigos hábitos. A mãe estava no seu limite. Ao descrever sua frustração, surgiram várias questões no interior do grupo: "O que se pode fazer num caso como este?", " Suponhamos que já tenhamos feito de tudo e o problema ainda persiste?", "O que fazer quando o castigo parece ser a única solução?".

Quando o problema persiste, em geral presume-se que é mais complicado do que parecia originalmente. E, quanto mais complicado o problema, mais complexa será a técnica que teremos de adotar. Educadores de pais, sindicalistas, conselheiros matrimoniais elaboraram excelentes métodos para resolver, sempre de comum acordo, conflitos difíceis. Esta é uma versão que propus ao grupo.

Métodos de resolução conjunta de problemas

1º Passo: Fale sobre os sentimentos e as necessidades de seu filho.

2º Passo: Fale sobre seus sentimentos e suas necessidades.

3º Passo: Faça um *brainstorming* para encontrar uma solução aceitável para todos.

4º Passo: Escreva todas as idéias sem avaliá-las.

5º Passo: Decidam de quais soluções vocês gostam, de quais não gostam e quais pensam em adotar para seguir em frente.

RESOLUÇÃO DE PROBLEMAS (continuação)

3º PASSO: PENSEM EM IDÉIAS BOAS PARA AMBOS.

4º PASSO: ESCREVA TODAS AS IDÉIAS SEM AVALIÁ-LAS.

RESOLUÇÃO DE PROBLEMAS (continuação)

5º PASSO: DECIDAM DE QUAIS SOLUÇÕES VOCÊS GOSTAM, DE QUAIS NÃO GOSTAM E QUAIS PLANEJAM SEGUIR.

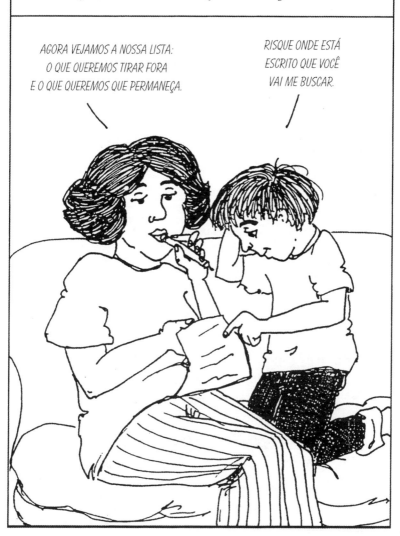

Depois de descrever os cinco passos do método de resolução conjunta de problemas, acreditamos que seria produtivo refazer a cena como num *roleplaying*. Interpretei a mãe e a verdadeira mãe interpretou o filho Beto. Reproduzimos a situação, e eis o diálogo que se seguiu, gravado durante a sessão. Como o leitor verá, a mãe interpretou o papel de seu filho com muita veracidade.

MÃE: Beto, eu gostaria de conversar com você sobre um assunto. Agora é bom para você?

BETO: (*receoso*) Está bem. O que é?

MÃE: É sobre o horário de chegar em casa para jantar.

BETO: Eu já lhe disse que tento chegar na hora, mas eu sempre tenho de sair quando estamos na melhor parte do jogo.

MÃE: Oh!

BETO: Ninguém tem de sair tão cedo! Ninguém!

MÃE: Hum.

BETO: E tenho de ficar perguntando as horas para todo o mundo, porque esta porcaria de relógio está quebrado, e eles sempre respondem: "Fica quieto, peste!".

MÃE: Puxa, isto deve lhe chatear!

BETO: Sim! Carlinhos me chama de bebê!

MÃE: Até isto! Então o que você está me dizendo é que os outros o pressionam muito para ficar.

BETO: É isto mesmo!

MÃE: Beto, você sabe como é do ponto de vista da mamãe?

BETO: Sim. Você quer que eu chegue pontualmente.

MÃE: Esta é uma parte do problema, mas é que eu realmente me preocupo quando você se atrasa.

BETO: Então não se preocupe!

MÃE: Eu gostaria... Veja, vamos pensar juntos e examinar melhor este problema para ver se conseguimos ter algumas idéias que sejam boas para nós dois. (*Mãe pega um lápis.*) Você começa.

BETO: Eu vou chegar tarde e você não vai se preocupar.

MÃE: Certo, vou anotar. O que mais?

BETO: Sei lá.

MÃE: Ei, eu tive uma idéia. Eu poderia ir buscá-lo no pátio do colégio.

BETO: Não... isto não é legal.

MÃE: Nós vamos anotar todas as idéias. Depois decidiremos de quais nós gostamos e de quais não. O que mais?

BETO: (*depois de um longo tempo*) Imagino que poderíamos consertar o relógio.

MÃE: (*escreve: "Consertar o relógio"*) Mais alguma coisa?

BETO: Por que nós temos de sempre jantar juntos? Você não poderia deixar o jantar para mim?

MÃE: (*escreve: "Deixar o jantar"*) Bom, os dias estão ficando mais compridos agora. Eu acho que poderíamos jantar quinze minutos mais tarde.

BETO: Só quinze minutos!

MÃE: Você gostaria de mais. Hum (*escreve: "Jantar quinze minutos mais tarde"*). Alguma outra idéia ou poderíamos dar uma olhada na nossa lista e ver o que vamos cortar e o que vamos usar?

BETO: Vamos ver!

MÃE: (*lê*) Possíveis soluções:

Beto chega mais tarde. Mãe não se preocupa.

Buscar o Beto no pátio.

Consertar o relógio.

Deixar o jantar no forno.

Jantar quinze minutos mais tarde.

BETO: Pode riscar você ir me buscar todo dia. Carlinhos ia realmente me encher se você fizer isto.

MÃE: Está bem... Bom, eu preciso riscar "Chegar mais tarde em casa", porque de fato eu me preocupo. Mas vamos ver o próximo. Acho que poderia mudar o jantar para as seis e quinze. Você acha que quinze minutos a mais ajudam?

BETO: Não... Bom, talvez um pouco.

MÃE: Bom, e eu acho que posso deixar o jantar no forno para você algumas vezes, se você me avisar antes que vai chegar mais tarde.

BETO: Jóia, e deixe "Consertar o relógio".

MÃE: O problema é que é a segunda vez que o relógio quebra, e eu não gostaria de ter de pagar novamente pelo conserto.

BETO: Bom, tenho algum dinheiro guardado. Quase quatro dólares. Isto seria suficiente para consertá-lo?

MÃE: Não, não seria, mas certamente ajudará. Acho que papai e eu pagaríamos o resto.

BETO: Prometo ser mais cuidadoso. Eu o tirarei sempre que brincar de luta livre com o Carlinhos. E ficarei olhando enquanto estiver jogando, para saber a hora de ir embora.

MÃE: Verdade? Hum (*olha a lista*). Bem, vamos ver o que decidimos até agora. Mudarei o jantar para as seis e quinze. Isto lhe dará mais quinze minutos para brincar. Nós vamos juntar o dinheiro e consertar o relógio. E de vez em quando, se você me avisar antes, guardarei o jantar no forno para você. O que acha de tudo isto?

BETO: Ótimo!

Na sessão seguinte, todos perguntaram à mãe de Beto: "Você tentou usar o método de resolução conjunta? Como foi?".

Ela sorriu e nos contou que tentou colocar o método em ação na mesma noite, mas Beto pareceu intrigado com a idéia.

"Foi quase divertido", ela disse. "Toda nossa discussão se resumiu a que ele detestava levar relógio, mas se a família pudesse jantar quinze minutos mais tarde ele prestaria atenção no sinal das seis horas que toca nos bombeiros, e este seria o aviso para ele ir para casa. "E até agora", ela disse, "ele tem cumprido com sua palavra."

Parece tudo muito simples, mas não é. A parte mais difícil não é a aprendizagem dos diferentes passos. Com um pouco de estudo isso pode ser aprendido. A parte mais difícil é a mudança de atitude que deve ocorrer em nosso interior.

Temos de parar de pensar no filho como "um problema" que necessita de correção. Devemos descartar a idéia de que, por sermos adultos, sabemos sempre a resposta justa e correta. Devemos esquecer a preocupação, ou seja, de que se não formos duros o suficiente o filho se aproveitará de nós.

É necessário um grande ato de fé para acreditarmos que, se tivermos um pouco de tempo para sentarmos e compartilharmos nossos sentimentos sinceros com uma pessoa jovem, e ouvirmos seus sentimentos, juntos chegaremos a soluções que beneficiarão a todos.

Há uma mensagem importante inerente a esse enfoque: "Quando surge um conflito com nosso filho, não temos mais de mobilizar nossas forças uns contra os outros, nem nos preocuparmos com o fato de quem sairá vitorioso ou derrotado. Ao contrário, podemos investir nossa energia na busca do tipo de soluções que respeitem as necessidades de ambos como indivíduos". Ensinamos a nossos filhos que não devem ser nossas vítimas ou nossos inimigos. Estamos dando-lhes as ferramentas que permitirão que sejam participantes ativos na resolução dos problemas que terão – agora, enquanto estão em casa, e no mundo difícil e complexo que os aguarda no futuro.

LIÇÃO DE CASA

1. Esta semana use uma alternativa para castigo. Qual alternativa você utilizou? Qual foi a reação de seu filho?

_____

_____

_____

_____

_____

2. Pense num problema que regularmente acontece em sua casa e pode ser atenuado com a abordagem de um dos métodos de resolução de problemas. Encontre um momento que seja bom para vocês dois e um lugar onde não sejam interrompidos, e utilize a resolução de problemas com seu filho.
3. Leia a Parte II de "Alternativas ao castigo – comentários, perguntas e histórias de pais".

Lembrete

Em vez de castigar...

1. EXPRESSE VIGOROSAMENTE SEUS SENTIMENTOS (SEM ATACAR O CARÁTER).

   "Estou furioso porque o meu serrote novo foi deixado fora, enferrujando na chuva."

2. FALE SOBRE SUAS EXPECTATIVAS.

   "Espero que as minhas ferramentas sejam devolvidas depois de terem sido pegas emprestadas."

3. MOSTRE À CRIANÇA COMO SE CORRIGIR.

   "O que este serrote precisa é de um pouco de palha de aço e muito trabalho."

4. DÊ UMA ALTERNATIVA À CRIANÇA.

   "Você pode pegar emprestadas minhas ferramentas e devolvê-las, ou pode abrir mão do privilégio de usá-las. Você decide!"

5. TOME UMA ATTUDE.

   CRIANÇA: Por que a caixa de ferramentas está trancada?

   PAI: Diga-me você o porquê.

6. RESOLUÇÃO DE PROBLEMAS.

   "O que podemos fazer para que você possa utilizar minhas ferramentas quando precisar, e para que eu tenha certeza de que elas estarão lá, quando eu precisar delas?"

Parte II: Comentários, perguntas e histórias de pais

Perguntas sobre castigo

1. Se uma criança pequena, que ainda não fala, toca em algo que não devia, não é certo dar um tapinha em sua mão?

Só porque a criança não fala não significa que ela não está ouvindo ou entendendo. As crianças pequenas aprendem a cada minuto do dia. A questão é *o que* elas estão aprendendo? O pai ou a mãe tem aqui duas opções. Pode repetidamente bater na mão da criança, ensinando-a, desse modo, que a única maneira de ela aprender o que não pode fazer é quando batem nela. Ou pode tratar a criança como um pequeno ser humano, mas digno, dando-lhe informação que ela pode usar agora e pelo resto de sua vida. Enquanto o pai ou a mãe remove a criança (ou o objeto), pode dizer-lhe firme e claramente:

"As facas não são para se lamber. Você pode lamber esta colher, se quiser."

"Esta porcelana pode quebrar. Seu cachorro de pelúcia não."

O pai ou a mãe pode ter de repetir a informação diversas vezes, mas as informações repetidas transmitem uma mensagem muito diferente que tapas repetidos na mão.

2. Qual é a diferença entre o castigo e as conseqüências naturais? Não são só palavras diferentes para a mesma coisa?

Vemos o castigo como uma privação deliberada do pai ou da mãe em relação a seu filho por determinado período ou causando-lhe sofrimento físico, de modo que lhe ensine uma lição. Conseqüências, por outro lado, surgem como o resultado natural do comportamento do filho. Um pai, em um de nossos grupos, certa vez compartilhou uma experiência que resume, para nós, a diferença entre o castigo e as conseqüências. Eis o relato:

132

"Meu filho adolescente pediu emprestada minha malha azul-marinho, porque ele disse que ela ficaria bem com seu jeans novo. Eu falei: 'Tudo bem, mas seja cuidadoso'. Uma semana mais tarde, quando eu quis vesti-la, encontrei-a embaixo de uma pilha de roupa suja, no chão do quarto dele. As costas estavam manchadas de giz, e a frente, com algo parecido com molho de tomate.

Fiquei muito bravo porque essa não era a primeira vez, e se ele tivesse chegado nesse momento eu teria lhe dito que poderia esquecer, pois não iria comigo ao futebol no domingo. De boa vontade, eu teria dado seu ingresso a outra pessoa.

De qualquer forma, quando o vi mais tarde, tinha me acalmado um pouco, mas ainda gritei com ele.

Ele me disse que sentia muito e tudo o mais, mas imaginem se ele não me pediu novamente uma semana mais tarde. Respondi: 'Nada feito!'. Sem sermões. Sem discursos. Ele sabia o porquê.

Aí, um mês depois, ele me pediu minha camisa para ir a um passeio com a escola. Eu lhe disse: 'Veja, antes que eu lhe empreste algo de novo, preciso de alguma garantia – por escrito – de que a minha camisa será devolvida nas mesmas condições em que foi emprestada'. Nessa noite encontrei um bilhete em minha correspondência. Ele dizia:

Querido pai,

Se você deixar eu pegar sua camisa emprestada, eu farei de tudo para mantê-la limpa.

Não vou me encostar na lousa. Não vou colocar minha caneta no bolso. E, quando almoçar, vou me cobrir com guardanapos de papel.

Com carinho,

Marcos

Bem, fiquei bastante impressionado com o bilhete. Imaginei que, se ele se deu ao trabalho de escrevê-lo, provavelmente se daria ao trabalho de fazer o que tinha dito.

P.S.: A camisa foi devolvida no dia seguinte, em um cabide, e estava limpa!"

Para nós, esta história exemplificava as conseqüências naturais em ação. Uma conseqüência natural de devolver objetos emprestados em más condições é o desprazer do proprietário. Outra conseqüência natural é a relutância do proprietário em emprestar-lhe qualquer coisa novamente. É possível também que o proprietário mude de idéia ao receber alguma prova concreta de que isso não ocorrerá de novo. Mas a responsabilidade para mudar, está claro, é daquele que pega emprestado. O dono não tem de fazer nada para nos ensinar uma lição. É muito mais fácil aprender com as reações espontâneas das pessoas do que de uma pessoa que decide castigá-lo "para seu próprio bem".

3. A semana passada achei um monte de cascas de laranja e caroços no sofá. Quando perguntei a meus filhos "Quem fez isso?", um apontou o outro. Se o melhor não é descobrir qual criança é culpada e então castigá-la, o que posso fazer?

A questão "Quem fez isso?" em geral leva a um "Não fui eu" imediato, que por sua vez leva a "Bem, um de vocês deve estar mentindo". Quanto mais tentamos chegar à verdade, mais veementemente as crianças protestam sua inocência. Quando vemos algo que nos deixa com raiva, é mais proveitoso expressar essa raiva que achar o culpado e castigá-lo.

"Eu fico furiosa quando vejo comida no nosso sofá! Cascas de laranja podem deixar manchas que não saem."

Nesse ponto você pode ouvir um coro: "Mas não fui eu!", "Ele me fez...", "Foi o cachorro". Ou, ainda, "Foi o bebê".

Essa é a sua oportunidade de informar a todos:

"Eu não estou interessada em saber quem foi. Não estou interessada em culpar ninguém por algo já feito. Eu estou interessada em ver melhoras no futuro!"

Ao não acusar ou castigar, libertamos os filhos para focarem em assumir a responsabilidade, em vez de se vingar.

"Agora eu gostaria de ver todos vocês ajudando a limpar o sofá e tirar todas as cascas e caroços."

4. **Você diz que uma alternativa ao castigo é expressar sua desaprovação. Quando faço isso, meu filho parece tão culpado e infeliz o resto do dia que acabo me aborrecendo. Será que estou exagerando?**

Podemos entender sua preocupação. A dra. Selma Fraiberg, em seu livro *The Magic Years* [*Os anos mágicos*] diz: "Uma criança precisa sentir nossa desaprovação em certas ocasiões, mas, se nossa reação é tão forte que a criança se sente sem valor e desprezada por sua ofensa, então abusamos de nosso poder como pais e criamos a possibilidade de sentimentos de culpa e revolta contra si mesma desempenharem um papel no desenvolvimento da personalidade dessa criança".

Portanto, consideramos que, sempre que possível, juntamente com a nossa desaprovação, devemos mostrar o modo como a criança pode reparar seu erro. Após seu remorso inicial, a criança precisa de uma chance de restaurar seus bons sentimentos sobre si mesma e ver-se como um membro familiar respeitado e responsável novamente. Como pais, podemos dar-lhe essa chance. Eis alguns exemplos:

"Estou furiosa! O bebê estava brincando contente até que você tirou seu chocalho. Espero que você encontre um jeito de ele parar de chorar agora!"

(Em vez de: "Você fez o bebê chorar de novo. Agora você vai levar uma palmada".)

"Realmente me incomoda chegar em casa e ver uma pia cheia de louça suja quando já tinham me dado a palavra de que ela estaria limpa. Eu gostaria que a louça estivesse lavada e guardada antes da hora de dormir!"

(Em vez de: "Você pode esquecer de sair amanhã à noite. Talvez isso lhe ensine a manter sua palavra".)

"Uma caixa inteira de sabão em pó espalhada no chão do banheiro! Fico enlouquecida de ver tanta bagunça. Sabão em pó não é para se brincar! Precisamos de um saco plástico, uma vassoura e um pano de pó. Rápido, antes que ele se espalhe pela casa."

(Em vez de: "Olhe a trabalheira que você me arranjou. Nada de TV para você, hoje".)

Afirmações como essas dizem à criança: "Não gosto do que você fez e espero que você cuide disso". Esperamos que mais tarde na vida, já adulto, quando ele fizer algo de que se arrependa, pense sozinho: "O que eu posso fazer para reparar – para endireitar as coisas novamente?", em vez de: "O que acabei de fazer prova que sou uma pessoa sem valor e mereço ser castigado".

5. **Não castigo mais meu filho, mas agora quando o repreendo por fazer algo errado ele diz: "Sinto muito". Então no dia seguinte ele faz a mesma coisa de novo. O que posso fazer?**

Algumas crianças usam "Sinto muito" como forma de aplacar a raiva dos pais. Elas são rápidas para se desculpar e igualmente rápidas para repetir seu mau comportamento. É importante que esses jovens percebam que, se estão realmente chateados, seus sentimentos de remorso devem ser traduzidos em ação.

Ao "ofensor" que repete seus maus atos, podemos dizer o seguinte:

"Sinto muito significa comportar-se de modo diferente."

"Sinto muito significa fazer mudanças."

"Estou feliz de ouvir que você está sentido. Esse é o primeiro passo. O segundo é perguntar a si mesmo o que pode ser feito sobre isso."

Os especialistas falam sobre o castigo

De vez em quando, aparece um artigo louvando o castigo e nos dizendo como fazê-lo ("Explique o castigo com antecedência...", "Castigue o mais rápido possível...", "Faça o castigo combinar com o 'crime'..."). Com freqüência esse tipo de conselho, aos pais que estão tomados pela raiva, parece fazer sentido. A seguir apresentamos algumas citações de diversos profissionais da área de saúde mental que têm outra visão sobre o castigo.

O castigo é um método bastante ineficaz de disciplina [...] pois ele, paradoxalmente, com freqüência, tem o efeito de ensinar à criança a comportar-se de forma exatamente oposta ao modo como queremos que o faça! Muitos pais usam o castigo simplesmente porque nunca ninguém lhes ensinou formas mais eficazes de disciplinar seus filhos. (*How to Father*, dr. Fitzhugh Dodson, Signet, 1974)

O ato de disciplinar uma criança pode ser frustrante. No entanto, desde o começo, é preciso salientar que disciplina significa educação. Disciplina é, essencialmente, a orientação programada que ajuda as pessoas a desenvolver autocontrole interno, autodireção e eficiência. Para que seja efetiva, a disciplina requer respeito e confiança mútuos. Por outro lado, o castigo requer controle externo sobre a pessoa pela força e coerção. Os agentes do castigo raramente respeitam ou confiam naquele que está sendo punido. ("The Case Against Spanking", Brian G. Gilmartin, Ph.D. em *Comportamento Humano*, fevereiro 1979, volume 8, nº 2)

De uma revisão da literatura conclui-se que o castigo físico imposto pelos pais não inibe a violência, sendo mais provável que a encoraje. O castigo tanto frustra a criança quanto lhe oferece um modelo a ser imitado, que ela pode aprender.

("Violence and Struggle for Existence", Trabalho do Comitê sobre a Violência do Departamento de Psiquiatria da Faculdade de Medicina da Universidade de Stanford, editado por David N. Daniels,

M.D., Marshall F. Gilula, M.D. e Frank M. Ochberg, M.D., Little, Brown and Company, 1970.)

Os pais confusos e perplexos esperam, de forma errônea, que o castigo eventualmente traga resultados, sem perceber que na realidade não estão chegando a lugar nenhum com seus métodos [...]

O uso de castigo só ajuda a criança a desenvolver um maior poder de resistência e desafio. (*Children: The Challenge*, Rudolf Dreikurs, M.D., Hawthorn, 1964.)

Há muitas outras possibilidades de aprendizagem além das que a surra oferece, porém nenhuma delas é pretendida pelos pais. A criança pode aprender a evitar, com sucesso, quaisquer sentimentos de culpa por mau comportamento, ao se estabelecer um ciclo no qual o castigo cancela o "crime" e a criança, tendo pago por seu mau comportamento, fica livre para repetir o ato outra vez, sem sentimentos de culpa.

A criança que faz todo o possível para provocar uma surra é aquela que está carregando um débito secreto, no lado do "crime", que o pai é convidado a cancelar mediante uma surra. A surra é exatamente do que o filho não precisa! (*The Magic Years*, Selma H. Fraiberg, Scribners, 1959.)

Os pesquisadores acreditam que um em cada cinco pais sofreu [...] abuso nas mãos de seus filhos, uma expressão talvez do distúrbio adolescente: que pode atirar objetos em suas cabeças, dar empurrões, recorrer ao abuso verbal furioso [...] há evidências completas de que o abuso físico por parte do pai é realmente aprendido levando surras do próprio pai. (*Newsday*, 15 de agosto de 1978.)

Em vez do castigo
(Experiências compartilhadas por pais em nossos grupos)

"Minha filha de quatro anos, Marina, sempre foi uma criança muito difícil. Ela me deixa tão furiosa que não consigo me controlar. Na semana passada, cheguei em casa e descobri que ela havia rabiscado o papel de parede de seu quarto com lápis de cor. Fiquei tão furiosa que lhe dei uma boa surra. Então lhe disse que eu estava tirando seus lápis de cor, que foi o que fiz.

Na manhã seguinte, acordei e pensei que ia morrer. Ela havia pegado o meu batom e rabiscado todo o azulejo do banheiro. Eu queria estrangulá-la, mas me contive. Muito calmamente, perguntei: 'Marina, você fez isso porque ficou brava comigo por eu ter tirado seus lápis de cor?'.

Ela acenou afirmativamente com a cabeça.

Eu disse: 'Marina, fico muito, muito brava quando as paredes ficam rabiscadas. Tenho muito trabalho para lavá-las e deixá-las limpas de novo'.

Sabe o que ela fez? Pegou um pano de limpeza e começou a tentar limpar o batom. Mostrei-lhe como usar água e sabão, e ela tentou limpar o azulejo durante mais ou menos dez minutos. Então me chamou para mostrar que quase todo o batom já tinha saído. Agradeci-lhe e então devolvi seus lápis e algum papel para deixar no seu quarto, para quando ela quisesse desenhar.

Fiquei tão orgulhosa de mim mesma que liguei para meu marido no trabalho para dizer-lhe o que tinha feito.

Já se passou mais de um mês, e Marina não escreveu mais nas paredes."

* * *

"Assim que eu entrei em casa, depois da sessão da última semana, recebi um telefonema da professora de matemática de Dudu. Ela parecia furiosa. Disse-me que meu filho estava caindo em seu desempenho, que ele era uma influência desestabilizadora na classe, que ainda não sabia multiplicar e talvez o que ele precisasse era de mais 'disciplina' em casa. Agradeci-lhe por ter telefonado, mas por dentro estava tremendo. Meu primeiro pensamento foi: 'Ele deveria ser castigado. Ele não vai mais assistir à TV até aprender a tabuada e começar a se comportar na aula'. Felizmente tive uma hora para me acalmar antes que ele chegasse da escola. Quando Dudu chegou, tivemos a seguinte conversa:

EU: A professora ligou hoje e parecia estar muito chateada.

DUDU: Ah, ela sempre está chateada com qualquer coisa.

EU: Considero um assunto sério quando me ligam da escola. Ela disse que você atrapalhou a aula e não sabia a tabuada.

DUDU: Bem, o Michel ficava batendo na minha cabeça com o seu caderno. Então eu devolvi com o meu.

EU: Ah, então você sente que tem de retribuir?

DUDU: O que é retribuir?

EU: Devolver.

DUDU: Isso mesmo. E às vezes ele me escreve um bilhete que me faz morrer de rir. Então ele fica me chutando debaixo da carteira, até eu responder.

EU: Não é de admirar que a lição não seja feita.

DUDU: Eu sei a tabuada até do número seis. Só não sei a do sete e a do oito.

EU: Hum... Dudu, você acha que ajudaria sua concentração na aula se você e o Michel não se sentassem perto?

DUDU: Não sei... Talvez... Posso aprender a tabuada do sete e do oito se eu estudar.

EU: Acho que a professora deveria saber disso. O que você pensa de escrevermos um bilhete para ela? Tudo bem para você? (*Dudu acena que sim com a cabeça.*)

Peguei um lápis e escrevi:

'Cara professora,
Discuti nossa conversa telefônica com o Dudu e
ele disse...'

EU: Dudu, o que devo dizer à ela?

DUDU: Fale para ela mudar meu lugar pra mais longe do Michel.

EU: (*escrevendo*) 'Ele disse que gostaria de mudar de lugar, para não sentar perto de Michel.' – Está certo?

DUDU: Sim.

EU: Algo mais?

DUDU: (*após uma longa pausa*) Diga a ela que vou escrever a tabuada do sete e do oito e decorar.

EU: (*Eu escrevo e leio para ele.*) Ele também está planejando escrever as tabuadas do sete e do oito e estudar.

EU: Algo mais?

DUDU: Não.

EU: Vou finalizar dizendo: 'Obrigada por nos ter chamado a atenção sobre esse problema'.

Li todo o bilhete de novo ao Dudu. *Nós dois* assinamos e ele o levou para a escola no dia seguinte. Sei que algo deve ter mudado, pois quando ele voltou para casa a primeira coisa que me disse foi que a professora o tinha mudado de lugar, e tinha sido 'boazinha' com ele naquele dia."

* * *

Esta história foi narrada por uma mãe que se mantivera muito quieta nas primeiras sessões, balançando a cabeça. No quarto encontro, ela pediu licença para nos dizer o seguinte:

"Eu acreditava que nada disso funcionaria com meu filho. Ivo é tão teimoso, tão impossível de lidar, que a única coisa que entende é o castigo. Na semana passada, quase desmaiei quando meu vizinho me disse que o vira atravessando um cruzamento que ele estava terminantemente proibido de atravessar. Eu não sabia o que fazer. Já tinha tirado sua bicicleta, sua TV, sua mesada... o que tinha sobrado? No desespero, decidi tentar alguma das coisas que foram ditas no grupo. Quando chegamos em casa, eu disse: 'Ivo, nós temos um problema. Eu acho que é assim que você se sente. Você quer ir para o outro lado da rua a qualquer momento, sem ter de pedir que alguém atravesse você. É assim?'. Ele acenou com a cabeça. 'Porém me sinto assim: preocupo-me quando penso em um menino de seis anos atravessando um cruzamento perigoso onde já aconteceram tantos acidentes.

Quando há um problema, precisamos de uma solução. Pense nisso e me fale sobre suas idéias no jantar'.

Ivo começou a falar imediatamente. Eu disse: 'Agora não. É um problema muito sério. Gostaria que nós dois pensássemos bem. Vamos falar no jantar, quando o papai estiver'.

Naquela noite preparei meu marido com antecedência, para 'só ouvir'. Ivo lavou suas mãos e sentou-se em seguida. Logo que seu pai chegou, ele disse entusiasmado: 'Tenho uma solução! Toda noite, quando o papai chegar, nós vamos para a esquina, e ele me ensina a olhar para o farol e quando atravessar'. Então ele fez uma pausa e continuou: 'E no meu aniversário de sete anos eu vou atravessar sozinho'.

Meu marido quase caiu da cadeira. Acho que nós dois estávamos subestimando nosso filho."

* * *

"Nelson, dez anos, contou despreocupadamente (enquanto eu corria para fazer o jantar e sair) que três de seus livros estavam perdidos e eu tinha de lhe dar nove dólares. Aquilo me transtornou. Meu primeiro impulso foi bater nele ou castigá-lo. Mas, mesmo estando no limite de minha raiva, de algum modo consegui me controlar e comecei minhas sentenças com: 'Eu'. Acho que estava gritando o mais alto de que um ser humano é capaz.

'Eu estou furiosa! Estou uma fera, louca da vida. Três livros estão perdidos e agora eu preciso pagar nove dólares por isso! Estou com tanta raiva que sinto que vou explodir! E ouvir isso quando estou com pressa de fazer o jantar e sair, agora tenho de parar e gastar tempo para copiar os problemas da lição de casa pelo telefone! ESTOU FUZILANDO!'

Quando parei de gritar, um rostinho preocupado apareceu na porta, e Nelson disse: 'Mãe, sinto muito. Você não precisa arranjar o dinheiro. Eu vou pegar da minha mesada'.

Acho que o maior sorriso que já vi surgiu no meu rosto. Com certeza jamais vi a raiva dissipar-se tão rápido e de forma tão completa. O que são alguns livros para uma pessoa que tem um filho que realmente se importa com os sentimentos dela!"

Parte III: Mais sobre resolução de problemas

Antes da resolução de problemas

Descobrimos que para o processo de resolução de problemas funcionar temos "de nos ligar", como dizem nossos filhos. Dizemos a nós mesmos:

"Serei tão compreensivo e sintonizado com meu filho quanto possível. Vou ouvir informações e sentimentos que eu talvez não tenha ouvido antes."

"Vou me abster de julgamentos, avaliações e discursos. Não vou tentar persuadir ou convencer."

"Vou considerar qualquer idéia nova – não importa quão absurda seja."

"Não me deixarei pressionar pelo tempo. Se não conseguirmos chegar a uma solução imediata, talvez tenhamos de pensar mais, investigar mais, conversar mais."

A palavra-chave é *respeito* – por meu filho, por mim e pelas possibilidades ilimitadas que podem ocorrer quando duas pessoas de boa vontade pensam juntas.

Cuidados em cada passo do processo de resolução de problemas

Antes de começar, pergunte a si mesmo: "Eu ainda estou fervendo, com a emoção à flor da pele, ou estou calmo o suficiente para começar esse processo todo?". (Você não é capaz de resolver problemas se estiver com muita raiva.) Então verifique o estado de humor de seu filho. "É um bom momento para *você* para conversar?". Se ele disser que sim, então:

1. *Fale sobre os sentimentos de seu filho.* ("Eu imagino que você deve estar sentindo...")

Não apresse essa etapa. Sua atitude deve ser: "Eu realmente estou tentando compreender claramente como você se sente sobre tudo isso". Só quando o filho se sente ouvido e compreendido é que poderá considerar seus sentimentos.

2. *Fale sobre os seus sentimentos.* ("É assim que eu me sinto sobre isso.")

Mantenha essa etapa breve e clara. É difícil para uma criança ouvir um pai ou uma mãe que fala continuamente sobre suas preocupações, sua raiva ou seu ressentimento.

3. *Convide seu filho para buscar uma solução aceitável para todos.*

Se possível, deixe que seu filho traga as primeiras idéias. O ponto crucial, aqui, é deixar de avaliar ou comentar qualquer dessas idéias. No momento em que você diz: "Bem, isso não é bom", todo o processo termina e você desfez todo o seu trabalho. Todas as idéias devem ser bem-vindas. Com muita freqüência, as mais improváveis podem levar a algumas soluções positivas.

A frase-chave é: "Estamos anotando todas as nossas idéias". Não é essencial escrever, mas, de algum modo, colocar cada idéia por escrito confere muita dignidade a cada contribuição. (Ouviu-se uma criança dizendo: "Minha mãe é tão esperta. Ela escreve todas as minhas idéias".)

4. *Escolham de quais idéias vocês gostam, de quais não gostam e quais vocês querem colocar em ação.*
Cuidado com afirmações que inferiorizam ("Essa é uma idéia boba."). Em vez disso, descreva suas reações pessoais:
"Eu não me sentiria bem com isso porque..." ou
"Isso talvez seja algo que eu poderia fazer."

5. *Acompanhe.*
O risco que se corre aqui é ficar tão empolgado pelos seus bons sentimentos por ter chegado a uma solução funcional que você esquece de fazer um plano específico de acompanhamento. É importante acrescentar:
"Que passos precisamos seguir para levar esse plano adiante?"
"Quem será responsável pelo quê?"
"Até quando teremos de tê-lo pronto?"

6. *Não permita que seu filho o culpe ou o acuse em nenhum momento.*
FILHO: É, mas isso não daria certo porque você sempre... você nunca...
É importante que o pai seja firme quando isso acontecer.
PAI: Nada de acusações ou falar do passado. O que estamos tentando fazer agora é focar em uma solução para o futuro!

Questões sobre a resolução de problemas

1. Suponha que você e seu filho chegaram a um plano que funcione por um tempo e depois falhe. O que fazer?
São ocasiões como essas que testam nossa determinação. Podemos voltar a fazer sermões e punir, ou voltar ao quadro-negro. Por exemplo:

PAI: Estou desapontado por nosso acordo não estar mais funcionando. Eu acabo fazendo a sua tarefa, e isso é inaceitável para mim. Devemos dar outra chance ao velho plano?... Devemos conversar sobre o que não está funcionando?... Ou devemos procurar outra solução?

Como adultos sabemos que poucas soluções são permanentes. O que servia para a criança quando ela tinha quatro anos pode não servir para ela agora, que tem cinco; o que servia no inverno pode não servir na primavera. A vida é um processo contínuo de ajustes e reajustes. O que é importante para o filho é continuar a ver-se como parte da solução, em vez de parte do problema.

2. Você sempre tem de passar por todas as etapas para resolver o problema?

Não. Um problema pode ser resolvido em qualquer das etapas. Às vezes uma simples descrição de suas necessidades conflitantes pode levar a uma solução muito rápida. Por exemplo:

MÃE: Aqui temos um problema real: você quer que eu o leve para comprar tênis agora. Eu quero acabar de separar a roupa lavada e aí tenho de começar a fazer o jantar.

FILHO: Talvez eu possa terminar de separar a roupa enquanto você se arruma para sair, e então, quando nós voltarmos, eu a ajudo a fazer o jantar.

MÃE: Acho que daria certo.

3. Suponha que façamos todas as etapas e mesmo assim não cheguemos a uma solução com que ambos concordemos. O que fazer?

Isso de fato pode acontecer. Mas nada foi perdido. Ao discutir o problema, cada um de vocês tornou-se mais sensível às necessidades do outro. Em uma situação difícil, isso com freqüência é o melhor que se pode esperar. E, às vezes, é apenas uma questão que necessita de mais tempo para se pensar, deixar a situação amadurecer antes que se chegue a uma solução.

4. Suponha que um filho se recuse a sentar-se com você para a resolução de problemas. O que fazer?

Há algumas crianças que não se sentem bem com essa abordagem. Para esses jovens, um bilhete, baseado no mesmo princípio, pode ser um substituto efetivo.

> Querido Júlio,
>
> Eu gostaria de ouvir suas idéias para solucionar um problema... Você provavelmente (quer, precisa, sente...)
>
> Eu (quero, preciso, sinto...)
>
> Por favor, me informe de qualquer solução que você ache que nós dois poderíamos aceitar.
>
> Com amor,
>
> Papai.

5. Essa não é uma abordagem que funciona melhor com filhos mais velhos?

Pais de crianças pequenas relataram um grande sucesso com essa abordagem. Nas páginas seguintes, vocês encontrarão histórias em que os pais usaram a técnica de resolução de problemas, com filhos de idades diversas.

Resolução de problemas em ação

Situação: O berço que eu emprestara a uma amiga tinha acabado de ser devolvido. Eu o coloquei no quarto. Breno, de dois anos, examina-o e fica fascinado com a cesta que balança.

BRENO: Mãe, vou entrar no berço.

MÃE: Querido, você é grande demais para esse berço.

BRENO: É, eu vou entrar no berço. (*começa a subir nele*)

MÃE: (*impedindo-o*) Breno, a mamãe disse que você é grande demais. O berço pode quebrar se você entrar nele.

BRENO: Por favor, mamãe! Vou entrar no berço, *JÁ!* (*começa a choramingar.*)

MÃE: Eu disse "NÃO!" (*Um passo errado de minha parte. Eu o percebi assim que falei e o choro de Breno tornou-se uma birra. Decidi tentar a resolução de problemas com ele.*)

MÃE: Meu amor, posso ver o quanto você quer entrar no berço agora mesmo. Parece bem divertido balançar nele. Eu também queria balançar nele. O problema é que ele não vai me agüentar, nem agüentar você. Nós somos grandes demais.

BRENO: Mamãe é grande demais, como o Tigrão. (*Breno sai do quarto e volta com Guga, seu urso de pelúcia, e coloca-o no berço. Ele começa a balançar a cesta para a frente e para trás.*)

BRENO: Está vendo, mãe? Breno está balançando o Guga!

MÃE: Puxa! O Guga tem o tamanho certinho.

* * *

"Depois de muita frustração com o processo de tirar as fraldas, decidi tentar a técnica de resolução de problemas com meu filho, que tinha três anos na época. Sentamos juntos à mesa e eu disse: 'David, eu tenho pensado em como é difícil para um menino pequeno aprender a usar o banheiro. Aposto que às vezes você está tão ocupado brincando que nem percebe que tem de ir ao banheiro'.

Ele olhou pra mim com dois olhos bem abertos, mas não disse nada. Então eu falei: 'Acho que às vezes, mesmo quando você percebe que precisa ir ao banheiro, é difícil ir até lá e sentar na privada'. Ele acenou com a cabeça: 'Sim'.

Então, pedi que ele trouxesse lápis e papel para que pudéssemos escrever todas as idéias que tivéssemos que poderiam ajudar. Ele correu para seu quarto e trouxe um papel amarelo e um lápis vermelho. Sentei-me com ele e comecei a escrever. Comecei a lista com duas idéias.

Comprar um banquinho igual ao que o Joca tem em seu banheiro.

Mamãe vai perguntar ao David se ele precisa ir ao banheiro.

David assobiou: 'Bárbara e Pedro vão me ajudar'. (Pedro é seu amigo, que não usa mais fraldas e Bárbara é a mãe dele.) Então ele disse: 'Pedro veste calças de menino grande'.

Escrevi: 'Comprar calças de menino grande para o David'.

No dia seguinte, fui logo comprar um banquinho e algumas calças especiais. David ficou encantado e os mostrou a Pedro e Bárbara, que o incentivaram.

Conversamos de novo sobre como saber o momento em que ele precisava ir ao banheiro – a pressão era em seu abdome –, a necessidade de chegar ao banheiro e abaixar suas calças a tempo.

Ele percebeu que fui empática às dificuldades envolvidas.

De qualquer modo, já se passaram três meses e ele está conseguindo. E está orgulhoso de si mesmo!"

* * *

"Esperei com impaciência pelo encontro seguinte. Tinha algo emocionante para compartilhar com o grupo. Estava liberada! E minha filha de três anos e meio, Raquel, também. Isso começou terça-feira de manhã, quando o telefone tocou:

'Susi, você pode levar a Daniela com você, hoje à tarde?'

'Claro', respondi.

Nós desligamos e me dei conta de que tinha de fazer compras, mas agora teria de arrastar *duas* crianças comigo. Ou – Raquel estava participando de uma atividade de 45 minutos de manhã, na pré-escola. Porém, ela só iria se eu me sentasse em um banco onde ela pudesse me ver. As outras mães deixavam as crianças e iam embora. Eu ficava lá!

Eu disse a Raquel: 'Preciso fazer compras hoje enquanto você está na escola. A Daniela vai ficar conosco a tarde toda e eu não terei tempo de fazer compras'.

Raquel começou a chorar. Essa era minha oportunidade de usar minhas habilidades em resolução de problemas. Disse a Raquel: 'Estou vendo que você está triste. Como podemos resolver este problema? Vamos escrever tudo'.

Os olhos de Raquel se iluminaram quando escrevi:

Problema: A mamãe precisa comprar leite. Ela não tem tempo depois da escola; então tem de fazer as compras no horário da escola.

Sugestões para resolver o problema:

(Minha) 1: Ir durante a escola e voltar depressa.

(Raquel) 2: Não comprar leite.

(Raquel) 3: Ir depois da escola.

(Minha) 4: Enquanto a mamãe está nas compras, Raquel pode cantar, desenhar e brincar.

(Minha) 5: Raquel vai ficar na escola enquanto a mamãe faz as compras.

(Raquel) 6: Mamãe compra só uma coisa e volta correndo.

(Raquel) 7: Amanhã vamos comprar chiclete juntas.

(Raquel) 8: Se a Raquel quiser chorar, ela chora.

Lemos a lista e expliquei que, se não comprasse leite, a Raquel e o papai ficariam desapontados. Então riscamos isso. Expliquei de novo que não teria tempo de ir depois da escola – então, isso também foi eliminado. Raquel parecia contente.

Andamos até a escola. Raquel se despediu com um beijo e um abraço. Ela me disse para ir só a uma loja e então sentou-se no círculo com as outras crianças.

Corri para a loja e voltei a tempo de vê-la participando contente em um jogo com seus amigos. Terminou o horário da escola. Raquel me cumprimentou com: 'Você foi?'.

'Fui sim. Você pode se orgulhar, ficou aqui sozinha.'
Raquel concordou.

Quarta-feira de manhã:

RAQUEL: *(com aparência tensa)* Hoje tem escola?

EU: *(esperando, "Você vai ficar?")* Sim.

RAQUEL: Oh, mamãe... Bem, se eu quiser chorar, vou chorar. E, se eu não quiser, não choro!

EU: Vamos escrever isso!

Escrevi. Ela acrescentou que se sentaria perto de uma amiga. Então disse: 'Mãe, quando você voltar, volte rápido. Tão rápido que você vai cair. Corra!'.

Eu a levei à escola. Ela me deu um beijo, um abraço e me lembrou de correr muito.

Voltei depois de 45 minutos.

EU: Você ficou sozinha!

RAQUEL: É, estou orgulhosa de mim!

Sexta-feira de manhã:

RAQUEL: Mãe, hoje tem escola?

EU: Tem.

RAQUEL: Bem, escreva isso: Eu vou me sentar perto de uma amiga.

Problema resolvido. Raquel vai à escola. Mamãe faz compras! Agora, quando olho para trás, vejo que foi necessário muito esforço para me disciplinar no sentido de gastar o tempo necessário para me sentar com Raquel e resolver nosso problema. Estou contente por tê-lo feito. E Raquel também!"

* * *

"Meu filho Michel tem cinco anos e meio e está na escola. Ele lê livros da terceira a sexta séries. Tem um bom vocabulário, e decidiu que quer ser cirurgião plástico. Ele gosta que eu lhe leia sobre as diferentes partes do corpo em livros de medicina. Michel vem para a minha cama à noite com bastante freqüência. Tentei de tudo para mantê-lo fora, sem fazê-lo sentir-se indesejado. Tentei ficar acordada até as duas e meia da manhã. Quando estava quase dormindo, ele vinha para a minha cama com seu travesseiro, seus chinelos e seu robe e engatinhava debaixo das cobertas da minha cama de casal. Eu o encontrava de manhã, enrolado perto de mim. Ele até sugeriu que eu dormisse em sua cama, e ele dormiria na minha. Depois de voltar de um *workshop*, decidi tentar outra coisa.

Perguntei ao Michel o que poderia ser feito para que ele não viesse à minha cama à noite. Ele disse: "Deixe-me pensar". Ele foi para o seu quarto. Aproximadamente dez minutos depois, voltou com um bloco amarelo e uma caneta, e então: "Pai, faça um lembrete". Então ele me disse o que escrever.

> Querido Michel,
> Por favor, não venha hoje à noite.
> Com amor,
> Papai.

Ele saiu do quarto e voltou com uma régua e durex. Mediu 1,10 metro (na porta, fora do meu quarto) e prendeu o bilhete na porta.

Michel disse: "Se você não quiser que eu entre, deixe o bilhete para baixo. Se eu puder entrar (havia outra fita adesiva na parte de trás do bilhete), dobre a parte de cima do bilhete e coloque na porta. Isso significa que eu posso entrar".

Eu disse: "Obrigado".

Às 6h02 da manhã Michel veio para a minha cama. (Em geral, acordo às seis horas em dias de semana.)

Michel disse: 'Viu, pai, eu me levantei quando estava escuro e vim para seu quarto, mas o bilhete estava para baixo e eu não conseguia ver nada, mas podia ler na minha cabeça. Então, voltei para a cama. Viu, pai, você só tem de pedir que eu lhe ajudo a resolver os seus problemas'.

Isso está funcionando faz duas semanas com bons resultados. Este é o melhor modo. Obrigado."

* * *

O dilema de Jenifer na hora de dormir

Terça-feira à noite, ainda influenciada pela sessão da noite anterior, fiz a seguinte pergunta à Jenifer (cinco anos):

MÃE: Você tem tempo de conversar?

JENIFER: Sim.

MÃE: Eu gostaria de conversar sobre nosso problema do meio da noite...

JENIFER: Tá bom.

MÃE: Você gostaria de me dizer como você se sente sobre essa situação que está nos aborrecendo?

JENIFER: Acontece alguma coisa comigo, mãe (*rosto tenso, punhos cerrados*) e eu não consigo ficar no meu quarto. Eu só quero ir pro seu quarto!

MÃE: Oh, sei...

JENIFER: Eu sei que você não gosta, né?

MÃE: Bem, deixe-me dizer como me sinto. Depois de um longo dia espero deitar na cama, confortavelmente, cobrir-me com o cobertor e adormecer rápido. Quando sou acordada, não fico uma mãe muito amigável.

JENIFER: Eu sei.

MÃE: Vamos ver se conseguimos chegar a uma solução que deixe nós duas contentes, tudo bem? (*pegando lápis e papel*)

JENIFER: Você vai escrever? Vai ser uma lista? (*muito impressionada*)

MÃE: Sim. Você pode começar?

JENIFER: Eu quero ir para a cama da mamãe e do papai.

MÃE: Certo. (*escrevendo*) Algo mais?

JENIFER: Em vez disso, eu podia só acordar vocês.

MÃE: Hum... (*escrevendo*)

JENIFER: Eu podia ler com a minha lanterna, se eu me encolhesse muito...

MÃE: Aposto que sim...

JENIFER: Mas se eu tiver um abajur... eu posso ter um?

MÃE: (*escrevendo*) O que você faria com um abajur?

JENIFER: (*ficando entusiasmada*) Eu podia ler um livro, brincar com as minhas espátulas de língua (*o pai é médico*), escrever minhas cartas...

MÃE: Alguém parece entusiasmada.

JENIFER: Bom, e sobre o número quatro (*da lista*)?

MÃE: Você tem mais idéias?

JENIFER: (*rapidamente*) Eu podia pedir uma bebida.

MÃE: Hum... (*escrevendo*)

JENIFER: E o número cinco podia ser ir de fininho e ver se vocês estão bem.

MÃE: Temos uma boa lista! Vamos ler...

Jenifer logo colocou um X perto da primeira e segunda soluções. Ela falou de comprar um abajur, papel e lápis no dia seguinte. Compramos um abajur de cor laranja terrível (escolha *dela*) para combinar (?) com seu quarto vermelho e branco. Essa noite correu muito bem, recebi uma caixa de sapatos (idéia dela) cheia de desenhos na manhã seguinte. Já faz uma semana inteira que ela me deixa dormir. Continuo torcendo.

* * *

Os pais nos disseram que, quando seus filhos se acostumam à resolução de problemas, tornam-se mais capazes de resolver as diferenças com seus irmãos e irmãs. Esse foi um grande prêmio para os pais. Em vez de ter de intervir, tomar partido, desempenhar o papel de juiz e trazer uma solução, reformulam o problema e o colocam em seu lugar – no colo dos filhos. A afirmação que parecia impulsionar os filhos a assumir a responsabilidade de resolver seus próprios conflitos era: "Crianças, esse é um problema difícil: mas confio que vocês dois possam pensar juntos e chegar a uma solução com que os dois possam concordar". Esse primeiro exemplo é de um pai:

Bruno (quatro anos) e Taís (dois anos e meio) estavam fora. Bruno estava andando no triciclo de Taís, e ela queria andar nele. Taís começou a ficar histérica e Bruno se recusava a sair dele.

Normalmente eu não hesitaria em dizer: "Bruno, saia dele. Ele é da sua irmã. Você tem a sua própria bicicleta!". Mas, em vez de tomar o partido de Taís, eu disse: "Eu vejo que vocês dois têm um problema. Taís, você quer andar no seu triciclo. Bruno, você quer andar no triciclo da Taís e ela não quer deixar". Então, eu disse para ambos: "Eu acho que vocês deveriam tentar encontrar uma solução para o problema que fosse aceitável para ambos".

Taís continuou a chorar e Bruno pensou um momento. Então Bruno me disse: "Acho que a Taís poderia ficar de pé atrás do triciclo e se segurar em mim, enquanto pedalo".

Eu disse: "Essa solução deveria ser discutida com a Taís, não comigo".

Bruno, então, perguntou a Taís e ela concordou. Desta forma eles brincaram até entardecer.

* * *

O que nunca deixa de nos surpreender é o tipo de solução a que as crianças chegam. Em geral são completamente originais e muito mais satisfatórias que qualquer sugestão que os pais tivessem imaginado.

Quando voltei para casa, após nossa última sessão sobre resolução de problemas, meus dois filhos estavam em meio a uma discussão sobre uma malha vermelha que os dois queriam vestir. A malha era usada pela minha filha de seis anos e agora é usada pelo meu filho de três. Eles estavam se aprontando para sair e estavam brigando e gritando sobre quem devia vestir a tal malha.

Eu os chamei e disse: "Vejo duas crianças que querem vestir a mesma malha vermelha".

"Vejo uma criança que tinha essa malha e ainda a quer."

"Vejo outra criança que quer usar a malha vermelha porque agora é dela."

"Eu confio que vocês dois possam chegar a uma solução para esse problema. Estarei na cozinha, até vocês ficarem prontos."

Fui para a cozinha e meu marido e eu escutamos, surpresos, a discussão começar entre eles. Cinco minutos depois eles entraram e disseram: "Chegamos a uma solução! Zezinho vai vestir a malha até o restaurante. E quando a gente sair do restaurante para ir à exposição eu vou usar a malha, e Zezinho pode usar a minha malha nova amarela!".

* * *

Esta história final mostra um menino pequeno se esforçando para resolver seus problemas em lidar com suas fortes emoções.

Alex (oito anos) tem dificuldade para dissipar seus sentimentos de raiva. Essa noite, em especial, algo o tirou de si e ele saiu de repente da mesa de jantar com os punhos cerrados, sem saber como livrar-se de toda sua fúria de um modo aceitável.

No caminho para o seu quarto, sem querer, ele chutou um dos meus vasos preferidos. Quando o vi derrubar e quebrar no chão, fiquei furiosa e, infelizmente, comecei a gritar como uma louca. Ele correu para o seu quarto, batendo a porta.

Depois que meu marido conseguiu colar o vaso e o tempo amainou os meus sentimentos de raiva, fui até sua porta e bati. Quando ele disse: "O quê?", perguntei-lhe se podia entrar e se era um bom momento para conversar.

Ele me olhou com gratidão e disse: "Sim!". Era como se tivesse se sentido reconfortado apenas com a minha presença, que eu ainda o amava e o via como ser humano, não como uma criança desajeitada, sem controle.

Comecei perguntando-lhe como se sentia quando ficava com tanta raiva. Ele me disse que queria socar alguém ou quebrar algo, ficava violento e atirava as coisas tão fortemente quanto fosse capaz. Eu lhe disse que quando ele mostra sua raiva desse modo tenho vontade de entrar em seu quarto, pegar seu brinquedo favorito e quebrá-lo. Então, olhamos um para o outro, como se disséssemos: "Hum!".

Perguntei-lhe (com papel e lápis na mão) se podíamos pensar em algum outro modo de mostrar ou liberar a raiva, de um jeito aceitável para ambos, e ele começou a me dar sugestões: "O papai podia pendurar meu saco de pancadas, pôr alguma coisa na parede para eu atirar a minha bola, ligar meu toca-fitas no máximo volume, arranjar uma barra de exercícios, amassar um travesseiro na minha cabeça, bater portas, pular com força no chão, ligar e desligar a luz, sair e correr em volta da casa dez vezes, rasgar papel, beliscar-me...".

Eu não disse nenhuma palavra, mas escrevi tudo. Foi interessante que, depois de ele dizer as coisas que não teria permissão de fazer, deu uma risadinha, como se fosse para me mostrar que era isso que *realmente* gostaria.

Quando retomamos a lista, eliminei algumas opções e lhe expliquei por que elas não serviam para mim. Estabelecemos quatro possibilidades:

O pai marcaria um dia determinado em que ele tentaria consertar e pendurar o saco de pancadas.

Uma barra de exercícios seria usada na porta de seu quarto.

Ele poderia correr em volta da casa só enquanto estivesse claro.

Quando questionei rasgar papel, disse: "Só há um problema com isso...".

Ele respondeu: "Oh, eu sei. Eu recolho depois!".

Nesse momento, estávamos sentados próximos, em contato e conversando muito calmamente. Por fim, falei: "Só há uma coisa que eu gostaria de acrescentar, e é algo que você sempre pode fazer quando está com muita raiva".

"Eu posso falar sobre ela", ele disse de imediato.

Nós dois fomos para a cama nos sentindo realmente bem.

4  Incentivando a autonomia

A maioria dos livros de educação infantil nos diz que o nosso objetivo fundamental é ajudar nossos filhos a se separar de nós, ajudá-los a tornar-se indivíduos independentes, para que um dia sejam capazes de agir sozinhos, sem nós. Precisamos parar de pensar em nossos filhos como pequenas cópias de nós mesmos ou extensões nossas, e sim como seres humanos únicos com diferentes temperamentos, diferentes gostos, diferentes sentimentos, diferentes desejos, diferentes sonhos.

Como fazermos então para que se separem de nós e se tornem pessoas independentes? Dando-lhes a oportunidade de fazer as coisas sozinhos, permitindo-lhes que lutem com seus próprios problemas e deixando-os aprender com seus próprios erros, assim que forem capazes.

Mais fácil dizer que fazer. Ainda posso me lembrar de meu filho, tentando amarrar o cadarço do sapato e eu esperando, pacientemente, dez segundos e então me abaixando para amarrar por ele.

Quanto a minha filha, só precisava mencionar uma briga com uma amiga1 e aí de imediato eu lhe dava conselhos. Como eu podia permitir que meus filhos errassem e sofressem o fracasso, se a única coisa que tinham de fazer era me ouvir?

O leitor pode estar pensando: "O que há de mal em ajudar o filho a amarrar os sapatos, ou dizer à filha como resolver uma briga com uma amiga, ou impedir que eles errem? Afinal, crianças são mais novas e menos experientes! Elas realmente dependem de mim, o adulto".

Este é o problema. Quando uma pessoa é continuamente dependente de outra, surgem certos sentimentos. Para entendermos melhor quais são esses sentimentos, gostaria que o leitor lesse as seguintes frases e escrevesse suas reações:

1. Você tem quatro anos de idade. Durante o dia, você ouve seus pais lhe dizerem:

"Coma sua salada. Legumes vão lhe fazer bem."

"Venha cá, deixe eu fechar o zíper para você."

" Você está cansado. Deite-se e descanse."

"Eu não quero que você brinque com este garoto. Ele fala palavrão."

"Você tem certeza de que não quer ir ao banheiro?"

Sua reação: _____

_____

_____

_____

2. Você tem nove anos de idade. Durante o dia seus pais lhe dizem:

"Nem pense em colocar esta jaqueta. Verde não é sua cor."

"Dê-me a jarra. Eu vou abrir a tampa para você."

"Eu separei as roupas para você."

"Você precisa de ajuda na lição de casa?"

Sua reação: _____

_____

_____

_____

3. Você tem dezessete anos de idade. Seus pais dizem: "Você não precisa aprender a dirigir. Eu fico nervosa ao pensar em acidentes. Ficarei feliz em levar você aonde você quiser ir. Você só precisa me pedir."

Sua reação: _____

_____

_____

_____

4. Você é um adulto. Seu chefe lhe diz: "Eu vou lhe dizer algo para seu próprio bem. Pare de dar sugestões sobre como melhorar as coisas aqui dentro. Faça somente seu trabalho. Eu não estou lhe pagando para ter idéias. Eu estou lhe pagando para trabalhar."

Sua reação: _____

_____

_____

_____

5. Você é um cidadão de uma nação nova. Num encontro público, você ouve um visitante importante vindo de uma nação rica e poderosa:

"Já que sua nação ainda está na infância e é subdesenvolvida, não vamos negligenciar suas necessidades. Estamos planejando enviar-lhes especialistas e material para lhes mostrar como administrar suas fazendas, suas escolas, seus negócios e o seu governo. Também mandaremos profissionais em planejamento familiar, que vão ajudar a reduzir a taxa de natalidade."

Sua reação: _____

_____

_____

_____

Seria lógico dizer que não gostaríamos que nossos filhos tivessem a maioria desses sentimentos em relação a nós. Pessoas que estão em posição de dependência, juntamente com uma pequena dose de gratidão, em geral experenciam pesados sentimentos de abandono, inutilidade, ressentimento, frustração e raiva. Essa triste verdade pode ser um dilema para nós, pais. Por outro lado, nossos filhos são realmente dependentes de nós. Por causa de sua juventude e inexperiência, há numerosas coisas que precisamos fazer por eles, dizer-lhes, mostrar-lhes. Como vocês acabaram de dizer, pelo fato de serem jovens e inexperientes, nossos filhos dependem de nós. Há muito o que fazer por eles, dizer-lhes e mostrar-lhes. Além disso, a dependência deles pode levar à hostilidade.

Existem maneiras de minimizar esses sentimentos de dependência em nossos filhos? Existem maneiras de ajudá-los a se tornar seres humanos responsáveis que possam agir por si sós? Felizmente as oportunidades de encorajar a autonomia de nossos filhos se apresentam todos os dias. Aqui estão algumas habilidades específicas que podem ajudá-los a confiar em si mesmos mais do que em nós.

Para incentivar a autonomia

1. Deixe seu filho fazer suas escolhas.
2. Demonstre respeito pelo esforço da criança.
3. Não faça muitas perguntas.
4. Não se apresse em dar respostas.
5. Incentive as crianças a procurar respostas fora de casa.
6. Não lhes tire as esperanças.

DEIXE SEU FILHO FAZER SUAS ESCOLHAS

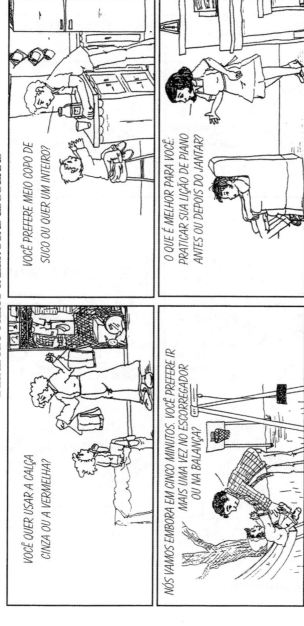

Todas essas escolhas dão à criança uma prática valiosa em tomar decisões.

DEMONSTRE RESPEITO PELO ESFORÇO DA CRIANÇA

Quando o esforço da criança é respeitado, ela se encoraja a realizar a tarefa sozinha.

Demasiadas perguntas podem ser percebidas como uma invasão à privacidade. As crianças falarão o que e quando quiserem.

Quando fazem perguntas, as crianças primeiro merecem a chance de explorar suas próprias respostas.

Queremos que nossos filhos saibam que não dependem totalmente de nós. O mundo lá fora – a loja de animais de estimação, o dentista, uma criança mais velha, todos podem contribuir com a criança na busca de soluções.

NÃO LHES TIRE AS ESPERANÇAS

EM VEZ DE DESTRUIR AS ESPERANÇAS...		PERMITA EXPLORAR E EXPERIMENTAR.
MÃE, VOU FAZER UM TESTE PARA O PAPEL PRINCIPAL NA PEÇA DA ESCOLA. VOCÊ ACHA QUE EU VOU CONSEGUIR?	OLHA, NÃO QUERO QUE VOCÊ FIQUE DESAPONTADO, MAS EU NÃO TENTARIA O PAPEL PRINCIPAL SEM TER NENHUMA EXPERIÊNCIA EM REPRESENTAR. TALVEZ ELES LHE DÊEM UM PAPEL SECUNDÁRIO.	HUM... ENTÃO VOCÊ QUER TENTAR O PAPEL PRINCIPAL? ISSO DEVE SER UMA GRANDE EXPERIÊNCIA!
QUERO ARRANJAR UM EMPREGO DE BABY-SITTER!	VOCÊ É JOVEM DEMAIS, NINGUÉM VAI CONTRATÁ-LA.	VOCÊ ACHA QUE PODERIA TRABALHAR COMO BABY-SITTER? FALE-ME SOBRE ISSO.
TALVEZ EU SEJA UMA ENGENHEIRA QUANDO CRESCER.	COM AS SUAS NOTAS? ESQUEÇA!	ENTÃO VOCÊ ESTÁ CONSIDERANDO UMA CARREIRA DE ENGENHARIA?

Ao tentarmos proteger nossos filhos de desapontamentos, nós os impedimos de almejar, lutar, sonhar e às vezes de realizar seus sonhos.

Mesmo que todas essas habilidades que você acabou de ver pareçam comuns inicialmente, não há nada comum em nenhuma delas. São necessárias determinação e prática para falar com os filhos de um modo que encoraje sua independência.

No próximo exercício, você verá seis frases típicas ditas pelos pais. Gostaria que o leitor mudasse cada frase para uma que incentive a autonomia dos filhos.

Os pais originalmente dizem: *Declaração corrigida que incentiva a autonomia:*

1. Tome seu banho agora.   1. (Ofereça uma escolha.) _____

_____

_____

_____

_____

_____

2. Por que você está tendo dificuldades em calçar seus sapatos? Aqui, ponha seus pés para cima. Eu coloco para você.

2. (Demonstre respeito pela tentativa da criança.) _____

_____

_____

_____

3. Você se divertiu no acampamento? Nadou? Fez amizades com outras crianças? Do que o seu instrutor gostava?

3. (Não faça muitas perguntas.) _____

_____

_____

_____

4. CRIANÇA: Por que papai tem de trabalhar todos os dias?

PAI/MÃE: Papai tem de trabalhar todos os dias para que tenhamos uma boa casa, boa comida, roupas bonitas e...

4. (Não se apresse em dar respostas.)

_____

_____

_____

_____

_____

5. ADOLESCENTE: Estou engordando. Quero fazer uma dieta. O que devo comer?

PAI/MÃE: Já venho falando para você, há anos, para não comer doces e bolos, e começar a comer frutas e vegetais.

5. (Incentive a criança a procurar respostas fora de casa.) _____

_____

_____

_____

_____

_____

6. CRIANÇA: Papai, serei uma professora quando crescer!

PAI: Não conte com isso! As escolas formam professores que não conseguem emprego depois.

6. (Não lhes tire as esperanças.) _____

_____

_____

_____

_____

_____

Talvez o leitor esteja pensando que as habilidades que praticamos nas lições de hoje não são as únicas que incentivem a autonomia, e acertou!

Na realidade, todos os princípios de que falamos desde o primeiro encontro ajudam a criança a ver-se como um ser autônomo, responsável, uma pessoa competente. Toda vez que ouvimos os sentimentos da criança, ou compartilhamos nossos sentimentos com elas, ou os convidamos a solucionar problemas, nós incentivamos sua autoconfiança.

Posso afirmar que, para mim, a idéia de incentivar os filhos a se encarregar dos detalhes de suas próprias vidas era revolucionária. Ainda posso ouvir minha mãe dizendo a uma vizinha, admirada: "Ela é uma ótima mãe. O que ela não faz pelos filhos!". Cresci acreditando que boas mães "fazem" por seus filhos. Porém, fui um passo além. Eu não só "fazia" por eles, pensava por eles também. Resultado? Todo dia, por qualquer assunto, sempre haveria uma disputa de vontades, acabando por vir à tona sentimentos ruins por todos os lados.

Quando finalmente aprendi a delegar às crianças as responsabilidades que eram delas, a disposição de todos melhorou. Aqui está o que me ajudou: Sempre que me sentia começando a ficar agitada ou envolvida, me perguntava: "Eu tenho alguma outra escolha?... Eu preciso assumir?... Ou eu posso fazer que os filhos assumam?".

Neste próximo exercício, você verá uma série de situações que muitas vezes levam os pais a ficar agitados, envolvidos, ou ambos. Ao ler cada situação, pergunte-se:

1. O que eu poderia dizer ou fazer para manter a criança dependente de mim?

2. O que eu poderia dizer ou fazer para incentivar a autonomia da criança?

Algumas habilidades que podem ajudar

Habilidades novas	*Habilidades já conhecidas*
Ofereça uma escolha.	Aceite os sentimentos de seu filho.
Demonstre respeito pelo esforço da criança.	
Não faça muitas perguntas.	Descreva o que você sente.
Não se apresse em dar respostas.	Dê informação.
Incentive a criança a procurar respostas fora de casa.	Use resolução de problemas.
Não lhes tire as esperanças.	

CRIANÇA: Eu estava atrasado para a escola hoje. Você tem de me acordar mais cedo amanhã.

PAI/MÃE: (*mantendo a criança dependente*) _____

PAI/MÃE: (*incentivando a autonomia*) _____

CRIANÇA: Eu não gosto mais de cereal e estou cansado de ovos! Eu não quero mais tomar café-da-manhã!

PAI/MÃE: (*mantendo a criança dependente*) _____

PAI/MÃE: (*incentivando a autonomia*) _____

CRIANÇA: Está frio lá fora? Preciso vestir o casaco?

PAI/MÃE: (*mantendo a criança dependente*) _____

PAI/MÃE: (*incentivando a autonomia*) _____

CRIANÇA: Ah! Droga! Nunca consigo abotoar estes botões!

PAI/MÃE: (*mantendo a criança dependente*) _____

PAI/MÃE: (*incentivando a autonomia*) _____

CRIANÇA: Quer saber? Vou começar a economizar minha mesada para comprar um cavalo.

PAI/MÃE: (*mantendo a criança dependente*) _____

PAI/MÃE: (*incentivando a autonomia*) _____

CRIANÇA: Bete quer que eu vá na sua festa, mas não gosto da maioria dos meninos que vão. O que devo fazer?

PAI/MÃE: (*mantendo a criança dependente*) _____

PAI/MÃE: (*incentivando a autonomia*) _____

Desconfio que foi fácil escrever algumas das afirmações e outras exigiram maior reflexão. Encontrar a linguagem que incentiva o senso de responsabilidade da criança pode ser um desafio. De fato, toda essa questão de encorajar a autonomia pode ser bem complicada. Por mais que possamos entender a importância de nossos filhos serem independentes, temos forças em nosso interior que atuam no sentido inverso. Primeiramente, há a questão da simples comodidade. Hoje, a maioria de nós é ocupada e apressada. Geralmente nós mesmos acordamos as crianças, abotoamos seus botões, dizemos o que comer e vestir porque parece tão mais fácil e rápido fazer por eles.

E temos de lidar com nossos fortes sentimentos de conexão com nossos filhos. Temos de resistir a perceber seus fracassos como se fossem nossos. É difícil permitir que aqueles tão próximos e queridos de nós se esforcem e errem, quando temos certeza de que algumas sábias palavras poderiam protegê-los da dor e do desapontamento.

É preciso também muita contenção e autodisciplina de nossa parte para não darmos conselhos, principalmente quando estamos certos de ter a solução. Sei que até hoje, quando um de meus filhos pergunta: "Mãe, o que você acha que eu devo fazer?", tenho de me segurar para não lhes dizer imediatamente a minha opinião.

Mas há algo ainda maior que interfere em nosso desejo racional de ajudarmos nossos filhos a se separar de nós. Lembro-me tão bem da profunda satisfação de ser totalmente necessária para três pequenos seres humanos. Então, foi com sentimentos conflitantes que descobri que um despertador podia acordar melhor meus filhos que todos os meus chamados maternos. Ocorreu o mesmo ao deixar minha tarefa de leitora de histórias para dormir, quando as crianças finalmente aprenderam a ler.

Foram minhas emoções conflitantes sobre sua crescente independência que me ajudaram a entender uma história contada para mim por uma professora do jardim de infância. A professora descreveu seus esforços para convencer uma jovem mãe de que seu filho ficaria mesmo bem se ela não permanecesse na classe com ele. Cinco minutos depois que a mãe saiu, dava para ver que Jonas precisava ir ao banheiro. Quando a professora pediu-lhe que fosse, ele resmungou aborrecido: "Não posso".

Ela perguntou: "Por que não?".

"Porque a mamãe não está aqui", Jonas explicou. "Ela bate palmas quando eu acabo."

A professora pensou um pouco. "Jonas, você pode ir ao banheiro e bater palmas você mesmo."

Ele arregalou os olhos.

A professora o conduziu ao banheiro e esperou. Após alguns minutos, por trás da porta fechada, ela ouviu o aplauso.

Mais tarde a mãe lhe telefonou para contar que a primeira coisa que o Jonas disse ao chegar em casa foi: "Mãe, sei bater palmas sozinho! Não preciso mais de você!".

A professora exclamou: "Você acredita que a mãe disse ter ficado deprimida depois disso?".

Eu podia acreditar. Podia acreditar que, apesar de nossos sentimentos de orgulho do progresso de nossos filhos e da alegria por sua crescente independência, poderia haver também a dor e o vazio de não ser mais necessária.

Nós, pais, viajamos em um caminho agridoce. Começamos com um compromisso total com um ser humano pequeno e indefeso. Com o passar dos anos, preocupamo-nos, planejamos, confortamos e tentamos entender. Oferecemos nosso amor, esforço, conhecimento e experiência – para que um dia ele ou ela tenha a força interior e confiança para nos abandonar.

LIÇÃO DE CASA

1. Coloque em ação pelo menos duas habilidades que incentivam o senso de independência de seu filho, bem como a noção de que é autônomo, competente e autoconfiante.

2. Qual foi a reação de seu filho?

---

3. Você tem feito algo por seu filho que ele pode começar a fazer sozinho?

---

4. Como você poderia transferir essa responsabilidade para seu filho sem que ele se sinta sobrecarregado? (A maioria das crianças não reage bem a "Agora você é grande. Você já tem idade suficiente para se vestir, comer sozinho, arrumar sua cama etc.")

---

5. Leia a Parte II deste capítulo.

Lembrete

Para incentivar a autonomia...

1. DEIXE AS CRIANÇAS FAZER SUAS ESCOLHAS.

   "Você gostaria de usar suas calças cinza ou as vermelhas, hoje?"

2. DEMONSTRE RESPEITO PELO ESFORÇO DA CRIANÇA.

   "Pode ser difícil abrir um pote. Às vezes, uma batidinha na tampa ajuda..."

3. NÃO FAÇA MUITAS PERGUNTAS.

   "Que bom te ver! Seja bem-vindo!"

4. NÃO SE APRESSE EM DAR RESPOSTAS.

   "Esta é uma pergunta interessante. O que você acha?"

5. INCENTIVE AS CRIANÇAS A PROCURAR RESPOSTAS FORA DE CASA.

   "Talvez o vendedor da loja de animais tenha alguma sugestão."

6. NÃO LHES TIRE AS ESPERANÇAS.

   "Então, você está pensando em fazer um teste para a peça! Será uma boa experiência!"

Parte II: Comentários, questões e histórias de pais

Cada uma das habilidades

1. Deixe as crianças fazer suas escolhas

Pode não parecer importante perguntar a uma criança se ela quer meio copo de leite ou um inteiro, sua torrada mais clara ou escura, mas para a criança cada pequena escolha representa mais uma oportunidade de exercer algum controle sobre sua própria vida. Há tanto que a criança é capaz de fazer, que não é difícil entender por que ela se torna ressentida e desafiadora.

"Você precisa tomar o seu remédio."

"Pare de bater na mesa."

"Vá para a cama, agora!"

Se pudéssemos oferecer-lhe uma chance de *como* algo deve ser feito, com muita freqüência essa escolha seria suficiente para amainar seu ressentimento.

"Vejo como você não gosta desse remédio. Ficaria mais fácil para você tomá-lo com suco de maçã ou guaraná?"

"O barulho na mesa está mesmo me incomodando. Você pode parar de bater e ficar aqui. Você pode bater no seu quarto. Você decide."

"É hora de a mamãe e o papai conversarem e é sua hora de ir para a cama. Você quer ir dormir agora ou quer brincar um pouco na cama, e nos chamar quando estiver pronto para dormir?"

Alguns pais se sentem incomodados com o fato de usar essa habilidade. Alegam que uma escolha forçada não é uma escolha por completo, e se torna apenas outra forma de prender uma criança. Essa objeção é compreensível. Uma alternativa é convidar a criança a trazer sua própria sugestão que seja aceitável para todas as partes. Eis o que um pai nos disse ter feito:

"Minha esposa e eu estávamos quase atravessando a rua com o Toni, que tem três anos, e o bebê. Toni odeia quando seguramos em sua mão e luta para se soltar – às vezes, no meio da rua. Antes de atravessar, eu disse: 'Toni, vejo que você tem duas escolhas: pode segurar a mão da mamãe ou pode segurar a minha. Ou talvez você tenha outra idéia que seja segura'.

Toni pensou um segundo e disse: 'Vou segurar o carrinho'. Sua escolha foi boa para nós."

2. Demonstre respeito pelo esforço da criança

Costumávamos pensar que, quando dizíamos à criança que algo era "fácil", a estávamos encorajando. Percebemos, agora, que ao dizer: "Tente, isso é fácil" não lhe fazemos um favor. Se ela tiver sucesso em fazer algo "fácil", sente que não conseguiu muito. Se falhar, então terá falhado em fazer algo simples.

Se, por outro lado, dissermos: "Não é fácil", ou "Isso pode ser difícil", ela se atribui outro conjunto de mensagens. Se tiver sucesso, pode experimentar o orgulho de ter feito algo difícil. Se falhar, pode ao menos ter a satisfação de saber que sua tarefa era difícil.

Alguns pais sentem-se estar dissimulando quando dizem: "Isso pode ser difícil". Mas se considerassem a tarefa do ponto de vista de uma criança inexperiente, perceberiam que as primeiras vezes em que se faz qualquer coisa nova é realmente difícil. (Evite dizer: "Isso deve ser difícil para *você*". Uma criança pode pensar: "Por que para mim? Por que não para os outros?".)

Outros pais queixaram-se de que era quase intolerável ficar lá e olhar uma criança lutar não oferecendo nada além de empatia. Mas, em vez de assumir e fazer a tarefa para o filho, sugerimos que você ofereça informações úteis:

"Às vezes ajuda empurrar todo o zíper para baixo antes de tentar levantá-lo."

"Às vezes ajuda fazer uma bola com a argila antes de tentar moldá-la."

"Às vezes ajuda dar algumas voltas com a maçaneta do cofre antes de tentar a combinação de novo."

Gostamos da expressão: "às vezes ajuda" porque, se não ajudar, a criança é protegida de sentimentos de inadequação.

Isso quer dizer que nunca devemos fazer por nossos filhos o que eles podem fazer sozinhos? Confiamos que cada pai percebe quando uma criança está cansada ou precisa de uma atenção extra, ou mesmo um pouco de mimo.

Em certos momentos é reconfortante ter seu cabelo escovado ou as meias calçadas em você, mesmo que seja perfeitamente capaz de fazê-lo sozinho. Enquanto nós, como pais, temos consciência de que nossa diretiva básica é ajudar nossos filhos a produzir mudanças neles, por eles próprios, podemos tranqüilamente desfrutar o "fazer por eles" de vez em quando.

3. Não faça muitas perguntas

O clássico "Onde você foi?... Saí... O que você fez?... Nada..." não surgiu à toa. Outras táticas defensivas que os filhos usam para se esquivar das perguntas para as quais não estão prontos ou a que não querem responder são: "Eu não", ou "Deixe-me em paz".

Uma mãe nos disse que não se sentiria uma boa mãe se não fizesse perguntas a seu filho. Ela se surpreendeu ao descobrir que, quando parou de bombardeá-lo com perguntas e ouvia-o com interesse enquanto ele falava, ele começou a se abrir com ela.

Isto quer dizer que você nunca deve fazer perguntas a seu filho? Absolutamente. O importante é ser sensível aos possíveis efeitos de suas perguntas.

Precauções: uma pergunta comum dos pais que parece ser experienciada como pressão é: "Você se divertiu hoje?". Que exigência para um filho! Não só ele teve de ir à festa (escola, jogo, acampamento, dança...), como a expectativa é de que *deveria* ter se divertido. Se não o fez, tem de lidar com seu próprio desapontamento, além do de seus pais. Ele sente tê-los decepcionado por não ter se divertido.

4. Não se apresse em dar respostas

Ao longo do crescimento, as crianças fazem uma variedade assustadora de perguntas:

"O que é um arco-íris?"

"Por que o bebê não pode voltar de onde ele veio?"

"Por que as pessoas não fazem só o que querem?"

"Você precisa ir para a faculdade?"

Muitas vezes os pais se vêem numa situação difícil por causa dessas perguntas e procuram respostas apropriadas imediatamente. A pressão que impõem a si mesmos é desnecessária. Em geral, quando uma criança faz uma pergunta, ela já refletiu um pouco sobre a resposta. O que lhe pode ser útil é um adulto que atue como placa de som, que a ajude a explorar mais suas idéias. Sempre haverá tempo para o adulto oferecer a resposta "certa" depois, se ela ainda for importante.

Ao darmos aos nossos filhos respostas imediatas, não lhes fazemos um favor. É como se estivéssemos fazendo os exercícios mentais por eles. É muito mais útil aos filhos ter suas perguntas devolvidas a eles para um exame mais acurado:

"Você se admira com isso."

"O que você pensa?"

Podemos até repetir a pergunta:

"Por que as pessoas não fazem só o que querem?"

Podemos dar crédito ao que perguntam:

"Você está fazendo uma pergunta importante, uma que os filósofos perguntam há séculos."

Não é preciso pressa nenhuma. O processo de busca da resposta tem tanto valor quanto a resposta em si.

5. Incentive as crianças a procurar respostas fora de casa

Uma forma de diminuir o sentimento de dependência da criança em relação à sua família é mostrar-lhe que há uma comunidade maior lá fora, com recursos de valor à espera de serem descobertos. O mundo não é um lugar estranho. É possível obter ajuda, quando necessário.

Além do benefício óbvio para o filho, esse princípio também alivia o pai ou a mãe de ser o "sabe-tudo" o tempo todo. A enfermeira da escola pode discutir hábitos alimentares adequados com a criança obesa; o vendedor da loja de calçados, o que o uso contínuo do tênis faz aos pés; o bibliotecário pode ajudar o jovem com dificuldades em relatório de pesquisa; o dentista pode explicar o que ocorre aos dentes quando não são escovados. De algum modo, todas essas fontes externas são mais efetivas que um sem-número de conversa da mãe ou do pai.

6. Não lhes tire as esperanças

Muito do prazer da vida reside no sonhar, fantasiar, antecipar, planejar. Ao tentarmos preparar os filhos para a possibilidade de desapontamento, podemos privá-los de experiências importantes.

Um pai nos contou que sua filha de nove anos tinha desenvolvido uma paixão por cavalos. Certo dia, ela lhe perguntou se ele lhe compraria um cavalo. Ele disse que precisou esforçar-se para não lhe responder que isso estava fora de cogitação, por causa de dinheiro, espaço e por morarem na cidade.

Em vez disso, disse-lhe: "Então, você gostaria de ter seu próprio cavalo. Fale-me disso". Ele passou a ouvir enquanto ela falava, em detalhes, como alimentaria seu cavalo, o escovaria e o levaria para cavalgar todos os dias. Apenas falar sobre seu sonho pareceu ser o bastante para ela. Ela nunca mais o pressionou para comprar o cavalo. No entanto, depois dessa conversa, ela retirou na biblioteca livros sobre cavalos, desenhou esboços de cavalos e começou a economizar parte de sua mesada para um dia comprar terra para o seu cavalo. Alguns anos depois, ela se candidatou a um trabalho de ajudante em um estábulo, onde trocava seus serviços por montar ocasionalmente. Aos catorze anos, seu interesse por cavalos tinha desaparecido. Um dia ela anunciou que estava comprando uma bicicleta de dez marchas, com o "dinheiro do cavalo".

Outras formas de incentivar a autonomia

I. Deixe-o ser dono de seu corpo.

Evite tirar seus cabelos dos olhos, endireitar suas costas, escovar, enfiar sua blusa dentro da saia, arrumar sua gola com freqüência. Os filhos percebem esse tipo de cuidado como uma invasão de sua privacidade física.

II. Fique alheio aos detalhes da vida de seu filho.

Poucos filhos gostam de ouvir: "Por que você escreve com o nariz no papel?", "Sente direito para fazer a lição...", "Tire o cabelo dos olhos. Como você consegue ver o que está fazendo?", "Abotoe os punhos da camisa. Eles soltos são feios", "Tire essa camiseta velha. Vista uma nova...", "Você gastou sua mesada nisso? Bem, eu acho que foi um desperdício".

Muitas crianças reagem a esse tipo de fala com um "Mã!" ou "Pá!" irritados. Tradução: "Pare de me encher! Não é da sua conta!".

III. Não fale sobre seu filho na presença dele – não importa o quão novo ele seja.

Imagine você mesmo perto de sua mãe que diz a uma vizinha uma das seguintes frases:

"Bem, na primeira série ele estava mal por causa de sua leitura, mas agora melhorou."

"Ela adora gente! Todo o mundo é amigo dela."

"Não ligue. Ele é um pouco tímido."

Quando os filhos ouvem esses comentários, sentem-se como objetos – posses de seus pais.

IV. Deixe seu filho responder por si mesmo.

Numerosas vezes ouvem-se perguntas ao pai, na presença do filho, como as seguintes:

"Como o Júlio está indo na escola?"

"Ele gosta do bebê?"

"Por que ele não está brincando com o jogo novo?"

O real sinal de respeito pela autonomia do Júlio é dizer ao adulto que fez a pergunta: "O Júlio pode lhe responder. Ele é quem sabe".

V. Mostre respeito pela "prontidão" de seu filho.

Às vezes o filho quer muito fazer algo, mas não se encontra pronto emocional ou fisicamente. Ela quer usar o banheiro como uma "menina grande", embora ainda não sinta-se capaz. Ele quer nadar como as outras crianças, mas ainda tem medo da água. Ela quer parar de chupar o dedo, mas, quando está cansada, é tão gostoso...

Em vez de forçar, apressar ou envergonhar uma criança, podemos expressar nossa confiança em sua máxima capacidade:

"Não estou preocupada. Quando você estiver pronto, você vai entrar na água."

"Quando você decidir, você vai parar de chupar o dedo."

"Um dia desses você vai usar o banheiro como a mamãe e o papai."

VI. Cuidado com o "não" em demasia.

Haverá muitas ocasiões em que nós, como pais, teremos de frustrar os desejos de nossos filhos. No entanto, algumas crianças vivenciam um "não" como provocação, como um ataque direto à sua energia para contra-atacar. Elas gritam, fazem birra, xingam, ficam emburradas. Brigam com os pais dizendo: "Por que não?", "Você é chato!", "Eu odeio você!".

Isso é exaustivo até para o mais paciente dos pais. Então, o que fazer? Ceder? Dizer "Sim" a tudo? Naturalmente não. Permitir tudo leva à tirania da criança. Felizmente, temos algumas alternativas criativas que permitem ao pai ou à mãe ser firme sem levar a um confronto.

Algumas alternativas ao "não"

A. *Dê informação (e deixe o "não" de lado):*

FILHO: Posso ir brincar na casa da Suzi agora?

Em vez de "*Não*, não pode".

Dê os fatos: "Nós vamos jantar daqui a cinco minutos".

Com essa informação, o filho conclui: "Acho que não posso ir agora".

B. *Aceite os sentimentos:*

FILHO: (*no zoológico*) Eu não quero ir para casa agora. Nós não podemos ficar?

Em vez de "*Não*, nós temos de ir agora!".

Aceite os sentimentos dele: "Acho que se dependesse de você ficaria muito, muito tempo". (*Enquanto o pega pela mão para sair.*) "É difícil sair de um lugar de que você gosta tanto."

Às vezes a resistência é reduzida quando alguém compreende como você se sente.

C. *Descreva o problema:*

FILHO: Mãe, você pode me levar de carro até a biblioteca, agora?

Em vez de "*Não*, não posso. Você vai ter de esperar".

Descreva o problema: "Filho, gostaria de acompanhá-lo. O problema é que o eletricista vai chegar daqui a meia hora".

D. *Quando possível, substitua o "não" por um "sim".*

FILHO: Podemos ir ao playground?

Em vez de "*Não*, você ainda não almoçou".

Substitua por um "sim": "Sim, claro! Logo depois do almoço".

E. *Dê-se um tempo para pensar.*

FILHO: Posso dormir na casa do Renato?

Em vez de "*Não*, você dormiu lá a semana passada".

Dê-se um tempo para pensar: "Deixe-me pensar nisso".

Essa pequena frase tem dois efeitos positivos: diminui a intensidade da criança (pelo menos ela sabe que seu pedido será seriamente considerado) e dá ao pai ou à mãe o tempo de elaborar seus sentimentos.

É verdade que a palavra "não" é mais curta, e algumas dessas alternativas parecem mais longas. Mas quando você considera a supressão de costume do "não" o caminho longo com freqüência torna-se o mais curto.

Mais sobre conselho

No momento em que mencionamos a um grupo que dar conselhos ao filho pode interferir em sua autonomia, muitos pais ficam imediatamente indignados. Eles sentem: "Isso agora é demais!". Não conseguem entender por que deveriam ser privados do direito de compartilhar sua sabedoria. A seguir apresentam-se as perguntas de uma mãe persistente e um resumo das respostas que lhe demos:

"Por que meu filho não pode beneficiar-se de meu conselho quando tem um problema? Por exemplo, minha filha Júlia não tinha certeza se deveria ir ao aniversário de sua amiga porque não gostava de algumas meninas que foram convidadas. Elas sempre 'cochicham e falam palavrão'. O que há de mal em dizer à Júlia que ela deveria ir de qualquer jeito, senão estaria desprezando sua amiga?"

Quando você dá conselhos imediatos aos filhos, ou eles se sentem bobos ("Por que não pensei nisso?"), ressentidos ("Não me diga o que fazer!"), ou irritados ("Como você sabe que eu não pensei nisso?").

Quando uma criança descobre sozinha o que quer fazer, aumenta sua autoconfiança e ela se inclina a assumir a responsabilidade pela decisão.

"Você está dizendo então que eu não devo fazer nada quando meu filho tem um problema? As poucas vezes em que disse à Júlia: 'Esse problema é seu, resolva você', ela ficou muito chateada."

Os filhos sentem-se magoados e abandonados quando seus pais ignoram seus problemas. Mas, entre os extremos de ignorar completamente ou intrometer-se com conselho imediato, há muito que um pai ou uma mãe pode fazer:

a) *Ajude-o a clarear seus pensamentos e sentimentos confusos.*
"Pelo que você me disse, Júlia, parece que você tem dois sentimentos sobre aquela festa. Você quer ficar com sua amiga em seu aniversário, mas não quer se encontrar com as meninas de quem não gosta."

b) *Devolva o problema como uma pergunta.*

"Então a questão parece ser: 'Como eu acho um jeito de ficar na festa e lidar com os palavrões de algumas meninas?'." O melhor a fazer é ficar quieta depois de fazer uma pergunta como esta. Seu silêncio proporciona o solo onde as soluções do filho podem se desenvolver.

c) *Aponte recursos externos a que seu filho pode recorrer.*

"Notei que a sessão 'juvenil' da biblioteca tem alguns livros para jovens sobre como lidar com diversos tipos de problemas sociais. Talvez você queira ver o que eles dizem."

"Suponha que eu tenha feito tudo isso e então pense numa solução em que a Júlia não pensou. Posso mencionar a ela?"

Depois que ela tiver tido tempo de tornar mais claro o que pensa e sente, poderá ouvir sua idéia – especialmente se você introduzi-la de uma forma que demonstre respeito por sua autonomia.

"O que você acha de levar sua fita do novo comediante à festa? Talvez as meninas fiquem ocupadas demais rindo para poder cochichar..."

Quando precedemos nossa sugestão com "O que você acha de...", ou "Você pensaria em...", reconhecemos o fato de que o conselho que parece tão "sensível" para nós pode não sê-lo para o filho.

"Mas suponha que eu sinta de fato que ela deve ir à festa. Devo ficar quieta?"

Depois que o filho explorou seu problema, pode lhe ser útil ouvir as idéias ou convicções do pai ou da mãe:

"Eu ficaria aborrecida de pensar que você perderia a diversão de uma festa por causa do comportamento de outras meninas."

"Acho que é importante não decepcionar uma boa amiga, mesmo que seja necessário fazer algum sacrifício."

Um filho tem o direito de saber os valores de seus pais. Mesmo que ele decida não agir de acordo com eles nesse momento, você pode ter a certeza de que lhe deu algo sobre o que pensar.

Quando os pais incentivam a autonomia

Na semana seguinte a uma de nossas sessões sobre a autonomia, os pais em nosso grupo tinham muito a contar uns aos outros.

"Eu tive duas novidades essa semana com o Dani. Deixei-o ligar a água da banheira para a temperatura ficar como ele gosta e o deixei preparar seu café-da-manhã."

"Eu sempre cortava a comida da Raquel, porque eu não confiava nela com a faca. No fim, comprei-lhe uma faquinha de plástico e ela se sente muito grande cortando a sua carne."

"Quando Ana era pequena e derrubava tudo, eu sempre dizia: 'Oh, Ana!', e limpava para ela. Agora, com a Eliane (quinze meses), eu deixo seu copo numa mesinha. A primeira vez que ela derrubou o suco, mostrei como secá-lo com uma toalha de papel. Agora, sempre que ela derrama algo, aponta a toalha de papel e toda contente limpa o que sujou. Ontem deixei a toalha fora e ela guardou e veio me mostrar!"

"Eu não tolero quando as crianças colocam a comida em seus garfos com os dedos ou comem com os cotovelos na mesa, ou enxugam suas mãos em seus jeans em vez de usar guardanapo. Mas detesto ter de chamar a atenção constantemente.

Ontem à noite passei o problema para eles. A solução: três vezes por semana teríamos 'Noite dos bons modos', e o resto do tempo eles poderiam comer como quisessem e eu não diria nada. (Até sugeriram que uma vez por semana ficássemos 'ao natural', não usaríamos utensílios e comeríamos tudo com os dedos – até sopa! Mas isso era mais do que eu podia aceitar.)

"Eu disse a meu filho: 'Você tem vinte minutos até a hora de dormir. Você pode continuar a colorir e ir direto para a cama, ou pode se aprontar para ir deitar agora e então ter tempo para brincar com o seu abajur de circo na sua cama'. Imediatamente ele correu para vestir o pijama, escovar os dentes etc."

"Nicole estava chorando e tentando abotoar sua blusa. Ela se aproximou e pôs os botões na minha cara. Eu disse: 'Esses botões pequenos são difíceis mesmo de abotoar. Você parece tão frustrada!'.

Ela foi embora e continuou tentando. Eu estava pronta para ceder e abotoar para ela, quando ela disse: 'Consegui!', e saiu."

"Eu costumava ter muitas brigas sobre roupa com minha filha de quatro anos. Agora a deixo vestir o que quiser quando não tem escola. Nos dias de aula, coloco duas roupas na cama e ela decide."

"Estou tão orgulhosa de mim mesma! Finalmente acabei com os atritos diários com meu filho sobre se ele tinha de vestir malha ou casaco. Eu lhe disse: 'Sam, andei pensando. Em vez de eu lhe dizer o que deve vestir todo dia, acho que você pode fazer isso. Vamos fazer uma tabela e decidir qual roupa combina com qual grau de temperatura'.

Fizemos uma tabela juntos. Acima de 20 graus, não precisa malha. Entre 10 e 20 graus, malha. Abaixo de 10 graus, casaco.

Então comprei um termômetro grande e ele o pendurou fora, em uma árvore. Agora ele o vê toda manhã e não há mais briga. Eu me sinto como um gênio."

"Não fiz ao Henrique perguntas sobre o que tinha feito no acampamento. Eu lhe permiti falar sobre o que ele queria e ele falou do prêmio que ganhou nos esportes."

"Janete me perguntou: 'Por que nós não vamos a nenhum lugar legal nas férias, como as Ilhas Bermudas ou a Flórida?'.

Quase comecei a responder, mas me lembrei de não fazê-lo. Eu disse: 'Por que nós não vamos?'.

Ela correu para a cozinha e disse: 'Eu sei! Eu sei! É porque é muito caro. Bem, pelo menos nós podemos ir ao zoológico?'."

"Tenho de me acostumar à idéia de não responder às perguntas de meu filho por ele. E acho que ele também vai ter de se acostumar. Isso foi o que ocorreu semana passada:

JÚLIO: Diga-me: como se faz a bomba atômica?

EU: Essa é uma pergunta interessante.

JÚLIO: Bem, diga-me.

EU: Tenho de pensar nisso.

JÚLIO: Pense agora e me diga.

EU: Não consigo. Mas vamos pensar em quem ou o que pode ajudá-lo a obter a resposta.

JÚLIO: Eu não quero ir à biblioteca e procurar. Só me responda.

EU: Eu não consigo responder a essa questão sem ajuda, Júlio.

JÚLIO: Então vou perguntar ao papai. E, se ele não souber, vou perguntar ao Wilson (da terceira série). Mas fico louco de pensar que um menino da terceira série sabe mais que uma mãe boba.

EU: Nessa casa não se xinga!"

"Celso me disse que ia vender a abobrinha de seu jardim para os vizinhos. Eu quase o impedi porque elas eram da metade do tamanho das do supermercado e eu não queria que ele incomodasse os vizinhos. Mas ele estava tão entusiasmado que deixei. Afinal, eu não queria 'tirar-lhe a esperança'.

Ele voltou depois de uma hora com um grande sorriso, 75 centavos e só uma abobrinha que tinha sobrado. Contou que a dona Elza disse-lhe que era um 'jovem empresário', e perguntou: 'O que que é isso?'."

"Gerson me disse que quer ser um policial, um bombeiro, um pescador e um astronauta. Eu não o prejulguei."

"Estou conseguindo ficar fora das brigas das crianças. Eu lhes digo que tenho certeza de que elas conseguem resolvê-las sozinhos."

Estas últimas contribuições foram trazidas ao final da sessão:

"... Até hoje meus amigos notam a minha independência. Sou um dos cinco filhos cujo pai trabalhava seis ou sete dias por semana – dependendo de como ia seu pequeno comércio varejista. Sou o segundo e me tornei independente e autoconfiante pela necessidade. Minha mãe não conseguia fazer tudo por cinco filhos e sobreviver se não nos ensinasse a fazer a nossa parte.

No entanto, tenho sentimentos ambivalentes sobre as minhas memórias de infância. Eu tinha orgulho de não ter de correr para minha mãe ou meu pai a fim de me ajudarem com os vários problemas, os medos e as necessidades, como meus amigos faziam. Por outro lado, teria gostado se também tivesse sido *minha* a *decisão* de querer ou não compartilhar ou ser ajudado pelos meus pais. (Eu sabia que meu pedido seria negado por causa da falta de tempo ou do que fosse... então parei de pedir e passei a fazer as coisas sozinho.)

As crianças sempre querem ser grandes, mas mesmo assim precisam ser crianças, precisam crescer gradualmente. Tenho orgulho da eficiência de minha mãe e de sua capacidade de nos ensinar nossa rotina, mas sinto que deveria ter tido a chance de recorrer a meus pais quando sentia necessidade."

* * *

"Sempre há tanta coisa para Ciro fazer quando chega em casa da escola que ele não faz nada, a não ser que eu fique atrás dele. Finalmente escrevi esse bilhete:

> Querido Ciro,
> Papai e eu estamos chateados ultimamente porque parece que nós ficamos brigando para você fazer as coisas que você sabe fazer.
> Quanto tempo você precisa para montar um programa positivo para lidar com tudo o que você precisa fazer? Vinte e quatro horas? Mais? Gostaríamos de ver um plano feito por você, por escrito, até o final da

semana, que você acha que lhe sirva. Ele precisa incluir tempo adequado para:

– movimentar seus braços por dez minutos; três vezes por semana (ele quebrou seu braço e não tem feito os exercícios que o médico lhe recomendou);

– levar o cachorro para passear;

– lição de casa;

– treinar;

– brincar e se divertir.

Com amor,
Mamãe.

Quinta-feira à noite ele nos apresentou uma programação escrita e a tem cumprido."

* * *

"Paulo estava realmente preocupado com seu boletim. Nós estávamos vendo os sinais muitos dias antes de ele chegar. Ele dizia coisas como: 'Eu não vou tirar uma nota tão boa em matemática... Eu vi minha nota no livro do professor. Eu não devia ter visto'.

Depois do jantar, eu disse: 'Paulo, venha aqui e vamos ver seu boletim'.

Ele veio muito ansioso, mas sentou-se em meu colo. Disse: 'Pai, você não vai gostar dele'.

EU: Bem, vamos ver, Paulo. É o seu boletim. O que você acha dele?

PAULO: Espere até ver a nota de matemática.

EU: Agora eu não estou vendo a de matemática. Vamos começar por cima. Vamos ver, tem um B (bom) de leitura.

PAULO: É, a leitura está OK.

EU: E eu vejo um B em caligrafia e você tinha um monte de problemas em caligrafia. Então você está melhorando...

E você tirou E (excelente) em ortografia! Você estava preocupado com isso, também... Esse boletim me parece bom... português, um R (regular).

PAULO: Mas eu devia ir melhor em português.

EU: R é regular.

PAULO: É, mas eu devia ir melhor...

EU: Bem, agora, matemática, um F (fraco).

PAULO: Eu sabia que você ia ficar bravo!

EU: Então é nessa matéria que você está tendo alguns problemas.

PAULO: É sim, mas eu vou melhorar muito em matemática.

EU: E como você vai fazer isso?

PAULO: Vou tentar mais.

EU: Como?

PAULO: (*longa pausa*) Vou estudar mais e fazer toda a lição de casa... E vou acabar os exercícios na classe.

EU: Parece que você está fixando objetivos. Vamos pegar uma folha de papel e escrevê-los.

Paulo pegou lápis e papel e fizemos uma lista de todas as matérias com as notas que ele tirou. Na segunda coluna ele escreveu as notas que quer tirar em seu próximo boletim.

O mais surpreendente é que eu achava que ele queria melhorar só em matemática, mas ele decidiu melhorar também em português, estudos sociais e ciências. Quando chegou em matemática, ele disse que ia melhorar de F para E.

EU: Paulo, isso é um salto grande. Você acha que consegue?

PAULO: Oh, sim! Eu vou estudar matemática mesmo.

No final do boletim, há espaço para comentários dos pais e assinatura. Escrevi: 'Discuti o boletim de Paulo com ele, que decidiu fixar novos objetivos. Ele está planejando se esforçar mais, especialmente em matemática'. Então o assinei e pedi que Paulo assinasse também.

A folha com os objetivos foi pregada na porta de seu quarto para que ele se lembrasse. Nos três dias seguintes ele chegou com E em seus exercícios de matemática. Eu não podia acreditar. Disse: 'Paulo, quando você decide alguma coisa, nada o detém!'."

* * *

"Fui criado em uma família muito rigorosa. Desde pequeno me diziam o que e quando fazer algo. Sempre que eu perguntava 'Por quê?', meu pai dizia: 'Porque eu mandei'. Logo aprendi a não questionar.

Quando tive meu filho, de uma coisa eu tinha certeza: não queria criá-lo desse modo. Mas ao mesmo tempo não estava certo do que fazer. A sessão sobre autonomia me foi muito útil. Esses foram alguns acontecimentos que lhe darão uma idéia do que quero dizer.

Quando me separei e passei a cuidar de meu filho, comecei a perceber coisas que nunca tinha reparado antes. Roberto sempre se enchia de biscoitos. Resolvi esconder a lata de biscoitos e lhe dava um de cada vez. No dia seguinte ao último encontro, cheguei em casa com uma caixa de biscoitos e a coloquei na mesa. Eu disse: 'Roberto, eu não vou ser mais a polícia dos biscoitos. Essa é a única caixa para toda a semana. Você pode decidir se quer comê-la toda de uma vez ou se quer que ela dure toda a semana. Isso é com você'. Foi o suficiente. Nunca tive de lhe dizer outra palavra. Ele acabou pegando dois biscoitos por dia e três no final de semana.

Eu também costumava me sentar com ele toda noite para ajudá-lo com sua lição de casa, e acabávamos gritando um com o outro. Uma noite fui para a sala e comecei a ler o jornal. Roberto disse: 'Pai, quando você vai me ajudar?'.

Respondi: 'Eu tenho certeza de que se você não se apressar será capaz de resolver sozinho'.

Quando o coloquei na cama aquela noite, ele disse: 'Fiz toda a minha lição sozinho. Eu gosto de você, papai'.

Na noite seguinte, ele queria conversar comigo. Eu perguntei: 'Sobre o quê?'.

Ele respondeu: 'De agora em diante, pai, eu quero ser meu próprio dono. Está bem?'.

Eu: 'Tudo bem para mim'.

Mais tarde, eu lhe falei: 'Hora de dormir, Roberto. Vista seu pijama e escove os dentes'.

'Eu sei, pai', ele disse. 'Lembra que eu sou meu próprio dono, agora?'."

5  Elogio

Parte I

Era uma vez dois meninos de sete anos, chamados Bruno e David. Ambos tinham mães que os amavam muito.

O dia de cada menino começou diferente. A primeira coisa que Bruno ouviu quando acordou de manhã foi: "Acorde agora Bruno, você vai se atrasar de novo para ir à escola".

Bruno levantou-se, vestiu-se, só faltavam os sapatos, e veio tomar café. A mãe disse: "Cadê os seus sapatos? Você quer ir para a escola descalço?... E olhe o que você está vestindo! Esta malha azul fica horrível com a camisa verde... Bruno, querido, o que você fez com as calças? Estão rasgadas. Quero que as troque depois do café. Meu filho não vai à escola com as calças rasgadas... Agora, preste atenção em como você se serve do suco. Não derrame, como você sempre faz!".

Bruno derramou.

A mãe ficou desesperada. Enquanto limpava a bagunça, dizia: "Não sei o que fazer com você".

Bruno resmungou algo consigo mesmo.

"O que você disse?", a mãe perguntou. "Já está resmungando de novo."

Bruno acabou de tomar o café em silêncio. Então trocou as calças, calçou os sapatos, pegou seus livros e foi para a escola. A mãe chamou: "Bruno, você esqueceu seu lanche! Aposto que se a sua cabeça não estivesse presa no pescoço você também a esqueceria".

Bruno pegou o seu lanche e, quando estava chegando perto da porta, a mãe o lembrou de novo: "Comporte-se bem na escola hoje".

David morava do outro lado da rua. A primeira coisa que ouviu de manhã, foi: "Sete horas, David. Você quer acordar agora ou daqui a cinco minutos?". David espreguiçou-se, bocejou e disse: "Mais cinco minutos...".

Em seguida, veio para o café-da-manhã todo vestido, faltando só os sapatos. A mãe disse: "Hei, você já está todo vestido, só faltam os sapatos... Oh, tem um rasgão nas suas calças. Parece que a costura vai abrir. Você prefere que eu conserte no seu corpo ou quer trocar de calça?". David pensou um pouco e disse: "Vou trocar depois do café", sentou-se à mesa e serviu-se de suco. Derramou um pouco.

"Tem um pano de limpeza na pia", a mãe falou, e continuou a preparar o lanche. David pegou o pano e limpou o suco derramado. Conversaram um pouco enquanto David comia. Quando terminou, trocou suas calças, calçou os sapatos, pegou seus livros e estava saindo para a escola sem o lanche.

A mãe falou: "David, seu lanche!".

Ele voltou para pegá-lo e agradeceu. Ao dar-lhe o lanche, a mãe disse: "Até logo".

Ambos, Bruno e David, tinham o mesmo professor. Durante o dia, o professor disse à classe: "Crianças, como todos sabem, teremos uma competição na semana que vem. Precisamos de um voluntário para desenhar um aviso de Boas-vindas para colocarmos na nossa porta da sala de aula. Também precisamos de um voluntário para servir e oferecer limonada aos nossos visitantes depois do jogo.

E, finalmente, precisamos de alguém que entre nas outras classes de terceiras séries e faça um pequeno discurso, convidando a todos para o nosso jogo e dizendo o local, o dia e a hora do jogo".

Algumas crianças levantaram as mãos de imediato; outras levantaram as mãos timidamente e outras nem levantaram.

Nossa história termina aqui. Isso é tudo o que sabemos. Sobre o que aconteceu depois, só podemos imaginar. Mas, certamente, temos bastante informação para pensarmos. Considere por alguns instantes estas questões e responda-as a si mesmo:

1. Você acha que David levantaria sua mão para ser voluntário?
2. E Bruno?
3. Que relação você vê entre o que as crianças pensam sobre elas mesmas e a disposição delas para encarar desafios ou o risco de errar?
4. Qual a relação entre o que as crianças pensam sobre elas mesmas e o tipo de metas que estabelecem?

Agora que você explorou seus próprios pensamentos, gostaria de compartilhar os meus. É claro que há algumas crianças que parecem tolerar toda crítica e menosprezo que recebem em casa, e de algum modo as afastam, o que lhes permite progredir diante dos desafios do mundo lá fora; e é claro que há outras que, apesar de viverem em lares e ambientes que dão grande apoio, têm dúvidas sobre a sua capacidade e fogem de desafios. No entanto, acreditamos que a maioria das crianças que cresce em lares onde seus melhores pontos são apreciados, tem mais chances de se sentir bem a respeito de si mesmas e mais chances de funcionar melhor no mundo do que as que não são apreciadas em casa.

Como Nathaniel Branden disse em seu livro *A psicologia da auto-estima*, "Não há julgamento de valor mais importante para a pessoa, nem há fator mais decisivo para seu desenvolvimento psicológico e sua motivação, que a avaliação que faz de si própria... A natureza da auto-avaliação tem um efeito profundo nos processos de pensamento da pessoa, nas emoções, nos desejos, nos valores e nos objetivos. É o fator mais significativo de seu comportamento".

Se a auto-estima da criança é tão importante, então o que nós, como pais, podemos fazer para elevá-la? Com certeza, todos os princípios e as habilidades de que falamos até agora podem ajudar a criança a ver-se como uma pessoa de valor. Cada vez que você mostra respeito pelos sentimentos, cada vez que você oferece a oportunidade de fazer uma escolha ou resolver um problema, aumenta a autoconfiança e auto-estima dela.

De que outra forma podemos ajudar nossos filhos a formar uma auto-imagem realista e positiva? Claro que elogiá-los pareceria ser outra parte óbvia da resposta. Mas os elogios podem ser algo perigoso. Às vezes o elogio mais bem-intencionado pode trazer reações inesperadas.

Veja você mesmo como isso ocorre. No exercício seguinte, você encontrará uma descrição para quatro situações hipotéticas nas quais alguém o elogia. Gostaria que o leitor lesse cada situação e escrevesse sua reação para o elogio que recebeu:

Situação 1 – Você recebe um convidado inesperado para o jantar. Esquenta uma lata de sopa creme de galinha, acrescenta um pouco das sobras de frango e serve com arroz de minuto.

Seu convidado diz: "Você é uma ótima cozinheira!".

Sua reação interior: _____

_____

_____

_____

Situação 2 – Para ir a um encontro importante, você só trocou seu velho suéter e seu jeans por um conjunto novo.

Um conhecido se aproxima, olha para você e diz: "Você está sempre tão elegante!".

Sua reação interior: _____

_____

_____

_____

Situação 3 – Você está num curso de aperfeiçoamento. Depois de um debate em classe, do qual você participa, outro aluno se aproxima e diz: "Você tem uma mente brilhante!".

Sua reação interior: _____

_____

_____

_____

Situação 4 – Você está começando a ter aulas de tênis e, mesmo que se esforce muito, não está fazendo nenhum progresso. A bola, em geral, bate na rede ou sai da quadra. Hoje, você está jogando, em dupla, com um parceiro novo e na sua primeira jogada a bola cai exatamente onde você esperava que caísse.

Seu parceiro comenta: "Ei, você tem um saque perfeito!".

Sua reação interior: _____

_____

_____

_____

Você, provavelmente, descobriu sozinho alguns dos problemas inerentes ao elogio. Juntamente com os bons sentimentos podem vir algumas outras reações:

O elogio pode fazer você duvidar de quem elogiou. ("Se ela pensa que sou uma boa cozinheira, ou está mentindo, ou não sabe nada de cozinha.")

O elogio pode levar à negação imediata. ("Elegante, eu? Você devia me ver há uma hora.")

O elogio pode ser ameaçador. ("Como vou fazer no próximo encontro?")

O elogio pode levá-lo a focar suas fraquezas. ("Mente brilhante? Você está brincando?")

O elogio pode criar ansiedade e interferir com a atividade. ("Eu nunca vou conseguir acertar esta bola novamente. Agora estou perdido.")

O elogio pode até ser visto como manipulação. ("O que ela quer de mim?")

Lembro-me de minhas próprias frustrações, quando tentava elogiar meus filhos. Eles vinham para mim com um desenho e perguntavam: "Está bom?".

Eu respondia: "Está bom, é um desenho lindo, maravilhoso!".

Eles diziam: "Mas é *bom* de verdade?".

Eu falava: "Bom? Eu disse que é lindo... fantástico!".

"Você não gostou dele!", eles concluíam.

Quanto mais extravagante o elogio, menos eu conseguia. Eu nunca entendia a reação deles.

Após minhas primeiras sessões com o dr. Ginott, comecei a perceber por que meus filhos rejeitavam meus elogios assim que eu os fazia. Ele me ensinou que palavras que avaliam, como "bom", "lindo", "fabuloso", faziam meus filhos se sentir bastante desconfortáveis, do mesmo modo que você provavelmente se sentiu nos exercícios que acabou de fazer. Mas o mais importante é que aprendi com ele que o elogio útil realmente é feito em duas partes:

1. O adulto descreve com apreciação o que a criança vê ou sente.

2. A criança, após ouvir a descrição do adulto, pode elogiar a si mesma.

Lembro-me da primeira vez em que tentei colocar essa teoria em prática. Meu filho de quatro anos chegou da escola, mostrou seus rabiscos e perguntou: "Está bom?". Minha primeira reação foi automática: "Muito bom!". Aí me lembrei: "Não! Preciso descrever". Pensei em como se descreve um rabisco assim. Disse: "Bem, vejo que você fez círculos, círculos, umas linhas, cobrinhas, alguns pontos aqui e ali, e por fim uns raios cruzados".

"É!", ele concordou entusiasmado.

"Como você pensou em combinar estas figuras?", perguntei.

Ele pensou um pouco: "Porque eu sou um artista!".

Pensei: "É um processo notável! O adulto descreve e a criança elogia a si mesma".

Na próxima página você encontrará mais exemplos de como funciona o elogio descritivo.

ELOGIO DESCRITIVO

201

Devo confessar que, no início, tinha minhas dúvidas quanto a esse novo método de elogio. Mesmo que tivesse dado certo para mim uma vez, a simples idéia de ter de mudar para um estilo de elogio descritivo me irritava. Por que eu deveria renunciar a "Jóia!... Lindo!... Super!...", que eram tão naturais para mim, e encontrar outra maneira de expressar meu sincero entusiasmo?

Apesar disso, tentei novamente, num primeiro momento, e depois de um tempo notei que efetivamente as crianças começavam a elogiar a si mesmas. Por exemplo:

EU: (*em vez de "Júlia, você é esperta"*) Você descobriu que aquela oferta de milho enlatado era na verdade mais cara que as outras marcas com preço normal. Estou impressionada.

LIA: (*sorrindo*) Eu descubro as "pegadinhas".

EU: (*em vez de "André, você é ótimo!"*) O recado do senhor Figueiredo que você anotou era bem complicado. Estava escrito tão claro que entendi exatamente por que o encontro foi adiado, para quem eu deveria telefonar e o que dizer para eles.

ANDRÉ: Sim, eu sou um bom secretário.

Não havia dúvida. As crianças estavam ficando mais cientes e percebiam melhor seus pontos fortes. Só este aspecto foi um incentivo para eu continuar a me esforçar. E era mesmo um esforço. É muito mais fácil dizer "maravilhoso" sobre algo, do que realmente olhar, experenciar e então descrever em detalhes.

No próximo exercício você terá oportunidade de exercitar o elogio descritivo. À medida que for lendo as diferentes situações, imagine mentalmente o que seu filho fez. Em seguida, descreva de forma minuciosa o que você vê ou sente.

Situação 1 – Uma criança pequena acabou de se vestir sozinha pela primeira vez. Ela fica parada na sua frente, esperando um comentário seu.

Elogio inútil: _____

_____

_____

Elogio descrevendo em detalhes o que você vê ou sente: _____

_____

_____

_____

O que a criança pode dizer para ela mesma? _____

_____

_____

Situação 2 – Você foi convidado para assistir a uma representação de sua filha na escola. Ela interpreta uma rainha, ou feiticeira (escolha um). Após o espetáculo, a menina corre para você e pergunta: "Eu estava bem?".

Elogio inútil: _____

_____

_____

Elogio descrevendo em detalhes o que você vê ou sente: _____

_____

_____

O que a criança pode dizer para ela mesma? _____

_____

_____

Situação 3 – Você nota que os trabalhos escolares de seu filho estão melhorando aos poucos. Suas redações agora têm margem. Ele tem exercitado por conta própria as palavras do vocabulário, até dominá-las. Sua última redação foi terminada um dia antes do tempo marcado.

Elogio inútil: _____

_____

_____

_____

Elogio descrevendo em detalhes o que você vê ou sente: _____

_____

_____

_____

O que a criança pode dizer para si mesma? _____

_____

_____

_____

Situação 4 – Você ficou doente por alguns dias. Seu filho desenhou para você um cartão de melhoras, decorado com balões e corações. Ele o entrega e fica esperando sua resposta.

Elogio inútil: _____

_____

_____

_____

Elogio descrevendo em detalhes o que você vê ou sente: _____

_____

_____

_____

O que a criança pode dizer para si mesma? _____

_____

_____

_____

Depois de realizar este exercício, agora deve ter ficado mais claro para você como as crianças vivenciam o valor de um elogio que avalia:

"Você é uma boa menina."

"Você é um grande ator."

"Finalmente você virou um ótimo aluno."

"Você é muito atencioso."

Você provavelmente percebe melhor como eles se sentem quando ouvem elogios que descrevem suas realizações:

"Vejo que vestiu a camiseta com a etiqueta para trás, fechou o zíper da calça, calçou as meias combinadas e amarrou os sapatos. Quantas coisas diferentes você fez!"

"Você foi uma rainha majestosa. Alta e com boa postura, e quando falou sua voz encheu o auditório."

"Parece que você está se esforçando mais na escola esses dias. Reparei que sua composição tem margens, seus relatórios foram entregues antes do dia e você aprendeu o vocabulário sozinho."

"Adoro esses balões amarelos e corações vermelhos no cartão de melhoras. Já me sinto melhor só olhando para eles."

Há outra maneira de elogiar que também se baseia na descrição. O elemento adicional nesse caso é que, além da descrição, dizemos uma ou duas palavras que acabam por resumir seu trabalho ou comportamento.

RESUMA EM UMA PALAVRA

Para praticar, complete a sentença preenchendo os espaços vazios nestes desenhos.

RESUMA EM UMA PALAVRA

Vejamos algumas outras maneiras possíveis para completar a frase:

Quadrinho 1 – Determinação, força de vontade ou autocontrole.

Quadrinho 2 – Flexibilidade, criativo ou adaptável.

Quadrinho 3 – Amizade, lealdade ou valor.

As palavras apontadas aqui nada têm de incrível ou infalível. E, novamente, não há respostas certas ou erradas. Em cada caso, devemos encontrar a palavra que diga ao jovem algo sobre ele mesmo, que talvez não soubesse ou não tivesse assumido, ou seja, de dar-lhe uma visão verbal sobre seu caráter.

Pessoalmente, o que mais me agrada nessa maneira de elogiar é a sua viabilidade. Consiste apenas em realmente observar, de fato escutar e demonstrar verdadeiro interesse, para depois dizer em voz alta o que vemos ou sentimos.

É surpreendente como um processo tão simples pode ter efeitos tão profundos. Dia após dia, graças a essas pequenas descrições, nossos filhos aprenderão quais são seus próprios potenciais: um menino perceberá que pode entrar num quarto desarrumado e transformá-lo em um lugar limpo e organizado; que pode fazer um favor e, além de ser útil, pode dar prazer a quem o recebe; que pode atrair a atenção do público; que pode escrever um poema comovente; que é capaz de ser pontual, de exercer sua força de vontade, de tomar iniciativas ou usar sua criatividade. Tudo isso é depositado em sua conta bancária emocional e não há quem possa tirar de lá. Podemos neutralizar um "bom menino" quando o chamamos de "mau" no dia seguinte. Mas jamais lhe tiraremos o episódio no qual ele animou seu pai com um cartão de melhoras, ou quando ele estudou com afinco e agüentou firme, mesmo estando muito cansado.

Esses momentos, nos quais afirmamos o que há de melhor em nosso filho, se convertem em solo firme, a que o filho pode recorrer em momentos de hesitação e desalento. Ele tem a experiência que, no passado, fez algo de que sentiu orgulho. Ele tem em seu interior a capacidade de repeti-lo.

LIÇÃO DE CASA

1. Uma qualidade de que eu gosto em meu filho é:

2. Algo que ele fez recentemente e apreciei, mas nunca comentei:

3. O que eu poderia dizer para mostrar minha apreciação por ele, usando a habilidade do elogio descritivo?

4. Leia a Parte II deste capítulo.

Lembrete

Elogio e auto-estima

Em vez de avaliar, descreva.

1. DESCREVA O QUE VOCÊ VÊ.

   "Eu vejo o chão limpo, a cama arrumada e livros bem arrumados na estante."

2. DESCREVA O QUE VOCÊ SENTE.

   "É um prazer entrar neste quarto!"

3. RESUMA, EM UMA PALAVRA, O ELOGIO MERECIDO PELO BOM COMPORTAMENTO.

   "Você separou seus lápis, os lápis de cera e as canetas, colocando-os em caixas separadas. Isto é o que eu chamo de *organização!*"

Parte II: Comentários, perguntas e histórias de pais

Notei com freqüência que os pais em nossos grupos contam com entusiasmo as melhoras de seus filhos:

"Já faz três dias que Dudu coloca seu despertador e acorda sozinho de manhã. Estou tão feliz de não ter de me envolver mais!"
"Ultimamente Elisa tem ligado para casa quando sabe que vai se atrasar. Não sei nem dizer o quanto isso significa para mim!"

Quando perguntamos a esses pais se seus filhos sabiam de sua apreciação, mostravam-se surpreendidos.

O elogio por comportamento adequado parece não ser espontâneo. A maioria de nós apressa-se em críticas e tarda a elogiar. Como pais, temos a obrigação de reverter esse quadro. A auto-estima de nossos filhos é valiosa demais para ser deixada ao acaso ou delegada a estranhos. O leitor certamente já se deu conta de que o mundo lá fora não se apressa em oferecer elogios. Quando foi a última vez que um motorista lhe disse: "Obrigado por ocupar só uma vaga no estacionamento. Agora eu tenho lugar para meu carro"? Nossos esforços em sermos cooperativos não são notados. Um deslize, e a condenação é rapidamente imposta.

Sejamos, portanto, diferentes em nossas casas. É importante percebermos que, além de comida, abrigo e vestuário, temos outras obrigações em relação aos nossos filhos, que é mostrar-lhes suas "capacidades". O mundo todo lhes dirá o que há de errado com eles – em voz alta e freqüentemente. Nossa função é permitir que nossos filhos conheçam sua parte boa.

Alguns cuidados com o elogio

1. Certifique-se de que seu elogio é apropriado à idade e ao nível de competência de seu filho. Quando se diz com prazer a uma criança bem pequena: "Vejo que você está escovando seus dentes todos os dias", ele vivencia orgulho de sua realização. Se você dissesse a mesma coisa a um adolescente, ele se sentiria insultado.

2. Evite o tipo de elogio que remete a fraquezas ou fracassos do passado.

"Bem, você finalmente tocou aquela música como se deve!"

"Você está tão bonita hoje. O que você fez?"

"Nunca pensei que você passaria naquela matéria, mas você passou!"

É sempre possível fazer esse mesmo elogio, ressaltando o sucesso atual:

"Eu realmente gostei do modo como você manteve o ritmo daquela música."

"É um prazer olhar para você!"

"Sei que você se esforçou muito para passar naquela matéria."

3. Saiba que o entusiasmo excessivo pode interferir no desejo de realização da criança. Às vezes o contínuo entusiasmo dos pais, ou seu prazer intenso pela atividade do filho, pode ser sentido como pressão. Uma criança que ouve diariamente: "Você é um pianista tão talentoso. Você deveria tocar no Municipal!", pode pensar: "Eles querem isso para mim mais do que eu mesmo".

4. Esteja preparado para muitas repetições da mesma atividade, quando você descrever com apreciação o que uma criança está fazendo. Se você não quiser que ele assobie mais cinco vezes, não diga: "Você sabe bem como fazer um barulhão com o assobio!". Se você não quiser que ele suba no alto do trepa-trepa, não lhe diga: "Você sabe mesmo como usar seus músculos para subir!". Não há dúvida. O elogio leva à repetição e a um aumento do esforço. É um recurso poderoso. Use-o de maneira seletiva.

Perguntas:

1. Estou tentando elogiar de modo diferente, mas às vezes me esqueço e escapam um "muito bem" ou "ótimo". O que devo fazer?

É importante que você se permita sua reação inicial. Se estiver sentindo entusiasmo sincero e exclamar "Muito bem!", a criança detectará o ânimo em sua voz e vai vivenciá-la como uma expressão de seus sentimentos. No entanto, você sempre pode enriquecer sua reação inicial com o tipo de descrição que ajuda a criança a se dar conta do quanto você apreciou: "Eu estava aqui, cansada, depois de um dia de trabalho e cheguei em casa e encontrei todo o jardim cuidado, com as caixas de folhas recolhidas. Sinto-me como se acabasse de ganhar um presente de aniversário!".

Com uma pequena e específica descrição você incrementou o "Muito bem!".

2. Como se elogia uma criança por finalmente fazer o que deveria ter feito antes?

Meu filho mais velho em geral é muito malcomportado; quando saímos com a família, todos terminamos chateados. A semana passada ele se comportou superbem. Não quis dizer-lhe que ele foi "bom" ou que "finalmente se comportou como um ser humano", porém eu queria dar-lhe o reconhecimento por seu comportamento. Como eu poderia ter lhe dito isso sem rebaixá-lo?

Você sempre se sente em terreno seguro quando faz uma afirmação descritiva para uma criança sobre seus próprios sentimentos. Que tal dizer-lhe: "Eu gostei de nosso passeio hoje de modo especial". Ele saberá o porquê.

3. É correto elogiar uma criança dizendo: "Estou tão orgulhoso de você!"?

Suponha que você tenha estudado durante uma semana para uma prova difícil e importante para sua carreira profissional. Quando chegam as notas, você descobre que não só passou como tirou uma nota muito boa. Quando liga para uma amiga para contar a boa nova, ela diz: "Estou orgulhosa de você!".

Qual é a sua reação? Suspeitamos que você sentiria que, de algum modo, a ênfase estaria sendo deslocada de sua realização para o orgulho dela. É provável que você preferiria ouvir algo como: "Que realização! Você deve estar orgulhosa de você!".

4. A semana passada, quando meu filho ganhou um prêmio na natação, eu lhe disse: "Não estou surpreendida. Sempre soube que você poderia ganhá-lo". Ele me olhou de modo muito estranho. Pensei que estivesse aumentando sua confiança; eu disse algo errado?

Quando um pai diz "Sempre soube que você podia fazê-lo", ele está dando crédito à sua própria onisciência, em vez de dar o crédito às conquistas do filho, que pode até pensar: "Como meu pai sabia que eu ganharia? Eu não sabia".

Seria melhor para a criança ouvir a descrição de *suas* conquistas: "Esse prêmio representa meses de treino e muita determinação!".

5. Meu filho recebe muitos elogios de mim, no entanto ele ainda teme o risco de fracasso. Ele não tolera quando algo que tenta fazer não dá certo. Há algo que eu possa fazer?

Há várias maneiras de poder ajudá-lo:

1. *Quando ele estiver chateado, não minimize seu aborrecimento.* ("Não há por que se aborrecer.") Em vez disso, traga à tona o que você acredita que ele possa estar sentindo.

"Deve ser frustrante trabalhar num projeto por tanto tempo e ele não ficar do jeito que você queria!"

Quando sua frustração é compreendida, a criança tende a relaxar internamente.

2. *É positivo quando um pai aceita os erros de seu filho e os vê como uma parte importante do processo de aprendizagem.*

Pode-se apontar que um erro talvez seja uma descoberta. Ele pode lhe ensinar algo que você nunca soube:

"Você descobriu que um ovo mole pode endurecer apenas deixando-o em água quente."

3. *É importante também quando os pais são capazes de aceitar seus próprios erros.*

Quando os pais se recriminam ("Eu esqueci minhas chaves de novo. O que aconteceu comigo? Que besteira. Como pude ser tão bobo? Eu nunca vou aprender..."), as crianças concluem que essa é a forma correta de se tratar, quando *elas* erram.

Em vez disso, vamos oferecer a nossos filhos um modelo mais humano, voltado para soluções. Quando fizermos algo que gostaríamos de não ter feito, vamos aproveitar a oportunidade para falarmos em voz alta para nós mesmos:

"Puxa, gostaria de não ter esquecido a chave... É a segunda vez... O que eu tenho de fazer para não acontecer de novo? Já sei! Vou fazer uma cópia e guardá-la em um esconderijo".

Sendo gentis conosco, ensinamos nossos filhos a ser gentis com eles mesmos.

Quando os pais elogiam

Uma noite, vários pais falavam sobre como era fácil considerar normal o bom comportamento do filho, e quanto esforço era necessário para fazer um comentário de apreciação. Decidiram atribuir a si mesmos a tarefa de procurar ativamente e comentar qualquer coisa positiva que seus filhos fizessem, em vez de deixá-la despercebida. Uma mãe surgiu com a lista, apresentada a seguir, de coisas que ela, normalmente, jamais mencionaria a seu filho de cinco anos:

"Esta semana Paulo aprendeu a palavra 'evaporação' e o que ela significa."

"Ele brincou com um bebê de sete meses delicadamente."

"Ele me deixou sozinha e quieta depois que lhe disse o quanto eu precisava disso."

"Ele expressou sua raiva com palavras."

Outra mãe nos contou:

"Ontem, José (três anos e oito meses) queria que eu lesse uma história para ele, quando estávamos de saída. Quando lhe falei que não tinha tempo para ler, porque tínhamos de sair, ele me disse: 'Eu não falei ler para mim *antes* de sair. Eu falei *depois* de voltar para casa'.

Eu lhe disse: 'José, você sabe mesmo a diferença entre antes e depois!'.

José respondeu orgulhosamente: 'Hippy!'. Então pensou um pouco e disse: 'Eu sei quando quero um biscoito. *Antes* do jantar!'."

Eis outro exemplo de um pai que decidiu validar as qualidades de sua filha de sete anos. Uma manhã ele lhe disse:

"Estou vendo uma menina que consegue levantar-se sozinha de manhã, tomar café, lavar-se e vestir-se e ficar pronta para a escola a tempo. Isso é o que eu chamo de autonomia!

Alguns dias depois, quando ela escovava os dentes, chamou seu pai, apontou sua boca e disse: 'Isso é o que eu chamo de dentes limpos!'."

Alguns pais começaram a notar também como o elogio parecia motivar seus filhos a querer ser mais cooperativos, a esforçar-se como nunca. Eis suas experiências:

"Meu marido e eu queríamos dormir até tarde num domingo de manhã e nossos dois filhos não vieram nos acordar como sempre. Quando acordei, disse-lhes: 'Bruna (ela tem seis anos), deve ter sido tão difícil para vocês ficar fora do quarto da mamãe e do papai. Isso requer muita força de vontade!'.

Bruna respondeu: 'Eu sei o que é força de vontade. É quando você quer acordar a mamãe e o papai, mas você sabe que não deve. Então você não acorda. Agora vou pôr a mesa e fazer o café-da-manhã!'.

E ela fez isso."

* * *

"Michael me chamou para mostrar que tinha feito sua cama pela primeira vez. Ele pulava de entusiasmo. Não tive coragem de dizer-lhe que a colcha não cobria os travesseiros ou que ela estava se arrastando de um lado e curta do outro. Eu só falei: 'Uau, você pôs a colcha cobrindo a maior parte da cama!'.

Na manhã seguinte, ele me chamou de novo e disse: 'Viu, eu cobri os travesseiros também! E deixei igual dos dois lados!'.

Foi uma surpresa para mim. Sempre considerei que, para uma criança melhorar, você tinha de apontar o que ela havia feito errado. Mas, ao dizer ao Michael o que ele fez certo, parece que ele sozinho quis melhorar."

* * *

"Eu me incomodava muito porque o João nunca tinha a iniciativa de ajudar em casa. Quando fez nove anos, senti que ele deveria assumir mais responsabilidade.

Terça-feira à noite, pedi que ele pusesse a mesa. Normalmente ele precisa ser empurrado para terminar uma tarefa, mas dessa vez o fez sem ser lembrado. Disse a meu marido, sabendo que João também ouviria: 'Chico, você viu o que o João fez? Ele colocou a toalha, os pratos, a saladeira, os guardanapos, os talheres e ele até se lembrou da sua cerveja! Isso é realmente assumir a responsabilidade'. Não houve, aparentemente, reação de João.

Mais tarde, quando subi para pôr o caçula na cama, pedi ao João que subisse em quinze minutos. Ele falou: 'Tá bom'.

Em quinze minutos ele subiu e se deitou. Eu disse: 'Pedi que você subisse e se deitasse em quinze minutos e você está aqui, na hora certinha. Isso é o que chamo de uma pessoa de palavra'. Ele sorriu.

No dia seguinte, João chegou na cozinha antes do jantar e disse: 'Mãe, eu vim pôr a mesa'.

Fiquei atônita e disse: 'Você veio antes que eu o chamasse. Gostei muito disso!'.

Desde então, tenho notado alguns sinais de mudança. Uma manhã, ele fez a cama sem que eu tivesse pedido; outra, ele se vestiu antes do café. Parece que, quanto mais procuro o melhor nele, torna-se mais fácil para ele ser melhor."

* * *

"Eu costumava agir pelo sistema de recompensa. Sempre que me preocupava quanto a Melissa não se comportar bem, eu dizia: 'Se você ficar boazinha, vou lhe comprar sorvete ou um brinquedo novo' – ou outra coisa qualquer. Melissa então se comportava bem, mas aí eu tinha de prometer a ela outra recompensa para a próxima vez.

Recentemente parei de dizer: 'Se você ficar boazinha, eu vou...'. Agora lhe digo: 'Seria melhor que...'. E quando ela faz algo bom tento descrever para ela.

Por exemplo, no último fim de semana eu lhe disse que seria bom se ela desse atenção aos avós, quando eles viessem nos visitar. Quando chegaram, no domingo, ela foi ótima com eles. Depois que foram embora, eu lhe disse: 'Melissa, você fez a vovó e o vovô ficar tão contentes aqui! Você lhes contou piadas, ofereceu-lhes balas e mostrou-lhes sua coleção de selinhos. Isso é o que chamo de hospitalidade!'. Melissa ficou radiante.

Da maneira anterior, ela se sentia bem momentaneamente, porque ganhava um presente. Desse novo modo, ela se sente bem consigo mesma como pessoa".

Com freqüência, as crianças precisam do elogio nos momentos em que nós, provavelmente, não estamos bem o suficiente para dá-los: quando elas *não* estão se comportando bem. Nos dois exemplos a seguir você verá os pais elogiando sob circunstâncias difíceis.

"No ano passado (3ª série) a caligrafia de Elisa estava horrível. A professora mencionou o fato para mim. Senti-me como se eu mesma tivesse sido criticada. Comecei a apontar para Elisa, toda noite, como sua lição de casa estava malfeita e sua letra, feia.

Alguns meses depois, Elisa escreveu um bilhete para a professora, dizendo o quanto gostava dela. O bilhete não estava assinado. Quando disse a ela que tinha se esquecido de assinar o bilhete, respondeu: 'A professora vai saber que é meu, por causa da letra feia'.

Fiquei arrasada! A menina tinha dito isso com naturalidade, pois tinha aceito o fato de que sua caligrafia era ruim e nada poderia ser feito.

Depois de ler *Pais liberados/filhos liberados*, comecei tudo de novo. Toda noite, depois que Elisa me mostrava sua lição de casa, em vez de criticar, eu encontrava uma frase que estava boa, ou uma palavra ou pelo menos uma letra bem-feita e comentava sobre ela. Passados alguns meses sem críticas e com um pouco de elogio merecido, sua caligrafia melhorou cem por cento."

* * *

"Isso ocorreu num dia em que eu estava contente por qualquer habilidade que eu dominasse. Estava indo para casa com meus filhos, dois, seis e nove anos. Jenifer, a de seis, decidiu abrir uma embalagem grande de pipoca que, é claro, se espalhou pelo carro inteiro. Todo tipo de resposta passou pela minha cabeça: 'Menina gulosa. Você não podia esperar até chegar em casa? Agora veja o que você fez!'.

Em vez disso, apenas descrevi o problema em um tom impessoal. Eu falei: 'Tem pipoca no carro todo! Isso precisa de aspirador'.

Quando chegamos em casa, Jenifer entrou imediatamente para pegar o aspirador no meu quarto. Mas as desgraças não vêm sozinhas. Quando Jenifer foi pegar o aspirador, ela tropeçou numa planta e o quarto ficou todo sujo. Isso era demais para uma menina de seis anos resolver. Ela desatou num choro histérico.

Por um momento eu não soube o que fazer. Então, tentei refletir sobre os sentimentos dela: 'Isso é demais! Que frustrante!'... e por aí afora. Finalmente, ela se acalmou o suficiente para enfrentar a limpeza do carro, mas a idéia de limpar o quarto ainda era demais.

Ela limpou o carro e me chamou para ver. Em vez de avaliá-la, observei: 'Tinha pipoca no carro todo e agora não vejo nenhuma'.

Ela estava tão contente consigo mesma que disse: 'E *agora* eu vou limpar o seu quarto'.

'Como você quiser', eu disse, comemorando internamente."

Alguns pais comprovaram a possibilidade de usar o elogio nas ocasiões mais improváveis – quando seus filhos tinham feito algo que não deviam.

Em vez de repreendê-los, eles os inspiraram a agir melhor lembrando-os de seus comportamentos no passado. Eis o relato de uma mãe:

"Quando Karen me disse que tinha perdido seu passe do metrô e achava que tinha caído do seu bolso, meu primeiro impulso foi gritar com ela por ser tão descuidada. Mas ela parecia tão infeliz que eu disse: 'Pensando bem, Karen, você manteve o seu passe nos últimos três períodos do secundário, quase um ano. São vários dias de responsabilidade'.

Karen disse: 'Acho que sim. Mas, de qualquer forma, não vou me arriscar. Quando tirar o meu passe novo, vou guardá-lo na carteira'."

Outra vantagem que veio juntamente com o elogio descritivo foi a coragem que ele parecia gerar em alguns filhos. As experiências a seguir ilustram o fato:

"Cristina é uma menina de oito anos e sempre a vi com medo do escuro. Ela pulava da cama uma dúzia de vezes depois que a colocávamos para dormir, para ir ao banheiro, para tomar um copo de água ou só para se assegurar de que estávamos em casa. Na semana passada chegou sua avaliação. Estava repleta de elogios. Ela passou o dia inteiro admirando e lendo-o repetidas vezes. Bem na hora de dormir ela me disse citando sua avaliação: 'Uma menina que é responsável, que trabalha bem com os outros, que obedece a regras, que respeita os outros, que lê livros de quarta série, mas está só na terceira série, *não pode ter medo do que não existe!* Eu estou indo dormir'.

Ela foi para a cama e não a vi até a manhã seguinte. Mal posso esperar a reunião de pais e mestres para dizer à professora o quanto suas palavras significaram para uma garotinha."

* * *

"Breno tem nove anos e sempre foi tímido e inseguro. Tenho estado atenta a seus sentimentos ultimamente, tentando não lhe dar conselho, o que eu sempre fazia. Em vez disso, venho elogiando-o muito. Há dois dias tivemos esta conversa:

BRENO: Mãe, eu estou tendo problemas com a senhora I. Ela sempre pega no meu pé e fala de mim para a classe.

MÃE: Oh...

BRENO: É. Você sabe, quando cortei o cabelo, ela disse: "Olhem crianças, nós temos um aluno novo na classe".

MÃE: Hum.

BRENO: E aí, quando vesti minha calça xadrez, ela disse: 'Oh, olhem o senhor Calça Bonita!'.

MÃE: (*incapaz de resistir*) Você acha que deveria ter uma conversa com ela?

BRENO: Eu já tive. Perguntei a ela: 'Por que parece que você pega tanto no meu pé?'. Ela respondeu: 'Mais uma insolência dessas e vou mandar você para a diretoria'.

Mãe, eu me senti tão mal. O que posso fazer? Se eu disser para o diretor, aí é que ela vai ficar em cima de mim.

MÃE: Entendo.

BRENO: Bem, talvez eu agüente. Só faltam trinta dias...

MÃE: Isso é verdade.

BRENO: Não, não agüento. Acho melhor você ir à escola comigo.

MÃE: Breno, acho que você é suficientemente maduro para lidar com essa situação. Confio mesmo em você. Provavelmente você fará a coisa certa. (*beijo e abraço*)

No dia seguinte:

BRENO: Mãe, sinto-me tão *bem* comigo mesmo. Fui ao diretor, e ele disse que eu era muito corajoso de ir até ele, e estava feliz por eu ter sido forte o bastante para ir, e também por eu tê-lo considerado tanto a ponto de compartilhar meu problema com ele. É por isso que ele está lá, sabe?

MÃE: Você lidou com aquela situação difícil sozinho!

BRENO: (*com ares de criança maior*) É!"

Este último exemplo mostra o efeito inspirador do elogio descritivo de um treinador direcionado a um time de futebol "dente-de-leite". Depois de cada jogo, todos os membros do time de meninos de nove e dez anos recebiam uma carta dele. Esses são trechos de três dessas cartas:

16 de setembro

Queridos Dente-de-leite,

Domingo vocês demonstraram muita FORÇA. Na ofensiva, nós atiramos e fizemos seis gols, o maior número nos jogos deste ano. Na defesa, mantivemos a bola no meio do campo todo o jogo, deixando-os fazer um único gol, marcado quando o resultado já não deixava dúvidas.

O próximo treino vai ser sábado, na quadra do Juvenil, das 10 às 11h15.

Até lá!

Sinceramente,

Antônio Silveira
Treinador

23 de outubro

Queridos Dente-de-leite,

QUE JOGO! QUE TIME!

Não só a nossa defesa impediu a vitória de um dos melhores times da divisão, mas vocês também os detiveram e eles só fizeram poucas investidas ao gol. Nosso ataque foi realmente equilibrado, com cinco jogadores marcando gol. O mais importante foi que muitos desses gols foram resultado de um bom passe de bola e posicionamento em campo. Essa vitória foi realmente uma vitória do time, com todos fazendo contribuições importantes.

Nós ainda estamos em segundo lugar, um ponto atrás dos Poncas, com dois jogos remanescentes. No entanto, não importa como terminaremos, todos vocês podem se orgulhar de como jogaram nessa temporada.

Teremos nosso treino de rotina no sábado, no campo do Juvenil, das 10 às 11h15.

Até lá!

Sinceramente,

Antônio Silveira
Treinador

18 de novembro

Queridos CAMPEÕES,

Os jogos desse fim de semana foram os mais emocionantes a que já assisti. Durante o ano todo, os Dente-de-leite mostraram seu grande ataque e sua grande defesa. Esse fim de semana, demonstraram sua grande coragem e seu espírito de luta. Apesar do tempo aparentemente estar terminando, vocês jamais desistiram e seguiram adiante, alcançando a vitória que tanto mereciam.

Parabéns a todos! Vocês são os campeões, hoje e sempre.

Sinceramente,

Antônio Silveira
Treinador

# Liberando as crianças do desempenho de papéis

Parte I

Lembro-me do momento em que meu primeiro filho, David, nasceu. Já tinham se passado cinco segundos e ele ainda não começara a respirar. Fiquei apavorada. A enfermeira deu um tapa nas costas. Ele ainda não reagiu. Ela disse: "Esse é teimoso!". Ainda nenhuma reação. Um momento depois, ele finalmente chorou: aquele grito penetrante de um recém-nascido. Vocês podem imaginar meu alívio. Mais tarde, no mesmo dia, me perguntei: "Será que ele é teimoso mesmo?". Quando o levei para casa, deixei de lado as palavras da enfermeira: "Bobagem de uma mulher boba! Imagine rotular um bebê de menos de um minuto de vida!".

No entanto, nos anos seguintes, cada vez que ele continuava a chorar, mesmo que eu tentasse acalmá-lo, quando ele não experimentava uma comida nova, ou se recusava a adormecer, quando não queria subir na perua escolar, quando não queria usar uma malha em dia frio, o pensamento me voltava: "A enfermeira tinha razão: ele é teimoso!".

Eu devia ter sido mais perspicaz. Todos os cursos de psicologia que fiz advertiam para os perigos das profecias auto-realizadoras. Se você rotula a criança de má aluna, ela vai começar a se perceber como má aluna. Se você vê uma criança como bagunceira, ela começa a mostrar o quanto pode ser bagunceira. Rotular uma criança deve ser evitado de todo modo. Concordei plenamente, porém não consegui parar de pensar que David fosse uma "criança teimosa". As crianças tendem a assumir o papel que lhes atribuem. No entanto, foi difícil não ver meu próprio filho como "teimoso".

Meu consolo era saber que eu não era a única. Pelo menos uma vez por semana eu ouvia algum pai ou alguma mãe, em algum lugar, dizer:

"Meu filho mais velho é um problema. Já o menor é um prazer."

"Beto já nasceu briguento."

"Caio é um maria-mole. Qualquer um pode se aproveitar dele."

"Michael é o advogado da família. Ele tem resposta para tudo."

"Não sei mais o que dar de comer à Júlia. Ela é tão exigente quanto à comida."

"É um desperdício comprar algo novo para o Rica. Ele destrói tudo em que põe a mão. É muito destruidor!"

Ao ouvir falar dessas crianças, eu me perguntava como elas haviam adquirido seus rótulos. Agora, após ouvir durante anos o que acontece dentro da família, percebo que isso pode acontecer muito inocentemente. Por exemplo, um dia Meire diz para o irmão: "Pegue meus óculos".

O irmão responde: "Pegue sozinha e pare de mandar".

Depois, Meire diz à mãe: "Escove meu cabelo e tire todos os nós". A mãe diz: "Meire, você está mandando de novo".

Mais tarde, ela diz ao pai: "Não fale agora, estou ouvindo minha fita". O pai responde: "Ouçam a mandona!".

E, pouco a pouco, a criança a quem se deu o título começa a representar seu papel. Afinal de contas, se todos chamam Meire de "mandona", é isso o que ela deve ser!

Talvez o leitor esteja admirado: "É correto pensar que sua filha é mandona desde que você não a chame assim?". Essa é uma questão importante. Será que a opinião dos pais sobre a criança afeta de fato o conceito que ela tem de si mesma? A fim de esclarecer melhor a relação, ou seja, entre como os pais vêem os seus filhos e como as crianças vêem a si mesmas, vamos tentar esta experiência agora. À medida que você ler as próximas três situações, imagine que você é a criança em cada uma delas.

Cena 1: Você tem mais ou menos dez anos de idade. Uma noite você entra na sala de estar e encontra seus pais trabalhando juntos num grande jogo de quebra-cabeça gigante. Logo que você vê o que estão fazendo, pergunta se pode participar do jogo.

A mãe diz: "Você já fez sua lição de casa? Você entendeu tudo?".

Você diz: "Sim", e pergunta de novo se pode ajudar com o quebra-cabeça.

A mãe insiste: "Você tem certeza de que entendeu toda a lição?".

O pai diz: "Eu vou rever a matemática com você um pouco mais tarde e veremos se você sabe".

Novamente, você pede para participar.

O pai diz: "Observe com atenção como a mamãe e eu resolvemos o quebra-cabeça e depois vamos ver se você sabe colocar uma peça".

Quando começa a colocar uma peça em seu lugar, a mãe diz: "Não, querido. Você não consegue ver que aquela peça tem um canto reto? Como você acha que pode colocar um canto reto no centro do quebra-cabeça?". Ela suspira profundamente.

Como seus pais vêem você? _____

_____

_____

Como você se sente diante da opinião deles? _____

_____

_____

_____

Cena 2: A mesma. Você entra na sala de estar e encontra lá seus pais empenhados em resolver o quebra-cabeça. Você pede para participar.

A mãe diz: "Você não tem outra coisa para fazer? Por que não vai assistir à televisão?".

De repente seus olhos enxergam um pedaço da chaminé no quebra-cabeça. Você tenta pegá-lo.

A mãe diz: "Cuidado, você vai estragar o que já fizemos".

O pai diz: "Será que nunca podemos ter um momento de sossego?".

Aí você diz: "Por favor, só esta peça!".

O pai diz: "Você nunca desiste, não é?".

A mãe diz: "OK, *uma* peça, e é só isto!". Ela olha para o pai, balança a cabeça e gira os olhos.

Como seus pais vêem você? _____

_____

_____

Como você se sente diante da opinião deles? _____

_____

_____

Cena 3: A mesma. Quando vê seus pais empenhados em resolver um quebra-cabeça, você se aproxima deles para olhar.

Você pergunta: "Posso ajudar?".

A mãe acena: "Com certeza, se você gosta".

O pai diz: "Pegue uma cadeira".

Você vê uma peça, a qual tem certeza de que faz parte da nuvem e a coloca no seu lugar. Mas não serviu.

A mãe diz: "Quase!".

O pai diz: "Peças com cantos retos geralmente vão na borda".

Seus pais continuam a se ocupar com o quebra-cabeça. Você estuda o quadro por alguns instantes. Finalmente você encontra o lugar certo para a sua peça.

Você diz: "Olhem, deu certo!".

A mãe sorri.

O pai diz: "Você realmente persistiu com esta".

Como seus pais vêem você? _____

_____

Como você se sente diante da opinião deles? _____

_____

_____

Você ficou surpreso em relação à facilidade de perceber a visão que seus pais têm de você? Às vezes, algumas poucas palavras, um olhar, ou o tom da voz servem para informá-lo quanto ao fato de você ser "devagar e bobo", "uma peste", ou basicamente uma pessoa querida e capaz. O que seus pais pensam de você pode muitas vezes ser comunicado em poucos segundos. Quando você multiplicar esses segundos pelas horas de contato diário entre pais e filhos, começará a perceber com que força os jovens podem ser influenciados pelo modo como os pais os percebem. Não somente são afetados os seus sentimentos próprios, como também os seus comportamentos.

Quando estava fazendo esse exercício e seus pais o observaram como "lento", você sentiu que sua confiança começou a diminuir? Você tentaria montar mais o quebra-cabeça? Você se sentiu frustrado, pois não foi tão rápido como todos os outros? Aí você disse para si mesmo: "Para que tentar?".

Enquanto era visto como um intrometido, você sentiu que tinha de se adaptar para não ser excluído? Sentiu-se rejeitado e derrotado? Ou ficou bravo – como se quisesse desfazer este quebra-cabeça estúpido para se vingar?

Quando você foi visto como uma pessoa basicamente querida e competente, sentiu que poderia se comportar de uma maneira que todos apreciassem e de uma forma competente? Se você cometesse alguns erros, iria desistir ou diria a si mesmo que poderia tentar de novo?

Quaisquer que fossem suas reações, é possível concluir que a maneira de os pais verem seus filhos pode influenciar não somente como as crianças se vêem, mas também como elas se comportam.

Porém o que acontece se a criança já foi colocada num papel, por qualquer razão? Isso significa que ela tem de continuar desempenhando esse papel para o resto de sua vida? Ela está amarrada ao papel, ou pode se liberar para vir a ser tudo o que for capaz?

Nas próximas páginas, você verá seis habilidades que podem ser usadas pelos pais que desejam liberar seu filho do desempenho de papéis.

Para liberar a criança do desempenho de papéis

1. Busque oportunidades de mostrar a seu filho uma nova imagem de si mesmo.
2. Coloque seu filho numa situação em que ele possa ver a si mesmo de forma diferente.
3. Deixe-o escutar (sem querer) algo positivo sobre ele.
4. Modele o comportamento que você gostaria de ver.
5. Seja um arquivo vivo dos melhores momentos de seu filho.
6. Quando seu filho se comportar de acordo com os velhos padrões, exponha seus sentimentos e suas expectativas.

BUSQUE OPORTUNIDADES DE MOSTRAR A SEU FILHO UMA NOVA IMAGEM DE SI MESMO

COLOQUE SEU FILHO NUMA SITUAÇÃO EM QUE ELE POSSA VER A SI MESMO DE FORMA DIFERENTE

DEIXE-O ESCUTAR (SEM QUERER) ALGO POSITIVO SOBRE ELE.

MODELE O COMPORTAMENTO QUE VOCÊ GOSTARIA DE VER

SEJA UM ARQUIVO VIVO DOS MELHORES MOMENTOS DE SEU FILHO

QUANDO SEU FILHO SE COMPORTAR DE ACORDO COM OS VELHOS PADRÕES, EXPONHA SEUS SENTIMENTOS E SUAS EXPECTATIVAS

As habilidades para ajudar um filho a se ver de forma diferente não se limitam somente às deste capítulo. Todas as que você aprendeu neste livro podem ser úteis de forma a deixar a porta aberta para mudanças. Por exemplo, uma mãe, que costumava chamar seu filho de "esquecido", escreveu um bilhete para ajudá-lo a pensar em si mesmo como alguém que consegue lembrar-se, quando quer.

Querido George,

> Seu professor de música ligou hoje para me dizer que você não levou a trombeta nos dois últimos ensaios da orquestra.
>
> Confio que você vai encontrar um jeito de se lembrar de levá-la de hoje em diante.

Mamãe

Um pai resolveu usar resolução de problemas em vez de chamar seu filho de agressivo. Ele disse: "Gerson, sei que quando você tenta se concentrar na lição de casa e seu irmão assobia isso o deixa com raiva. Mas bater *não pode*. De que outro modo você pode conseguir o silêncio de que precisa?".

Parece difícil para você toda essa idéia de ajudar um filho a ver-se de uma forma diferente? Não conheço outra tarefa mais difícil que essa para um pai ou uma mãe. Quando um filho se comporta persistentemente de maneira indesejável, por um tempo prolongado, é preciso muito autocontrole de nossa parte para não reforçar o comportamento anterior, gritando: "Você! De novo!". É preciso determinação para deliberadamente elaborar uma campanha que liberte o filho do papel que ele está desempenhando.

Se você puder reservar um tempo agora, pense:

1. Existe atualmente algum papel que seu filho está desempenhando, seja em casa, na escola, com os amigos ou com os avós? Qual é esse papel?

2. Há algo positivo nesse papel? (Por exemplo, o senso de humor do "bagunceiro", a imaginação do "distraído".)

3. O que você gostaria que seu filho pensasse sobre si mesmo? (Capaz de ser responsável, capaz de completar toda a lição etc.)

Ao responder a essas perguntas difíceis, você fez o trabalho preliminar. A campanha de fato está adiante. Leia as habilidades a seguir. Então, escreva as palavras que você usaria para colocar em prática cada habilidade.

A. *Busque oportunidades de mostrar a seu filho uma nova imagem de si mesmo.*

B. *Coloque seu filho numa situação em que ele possa ver a si mesmo de forma diferente.*

C. *Deixe-o escutar (sem querer) algo positivo sobre ele.*

D. *Modele o comportamento que você gostaria de ver.*

_____

_____

_____

_____

E. *Seja um arquivo vivo dos melhores momentos de seu filho.*

_____

_____

_____

_____

F. *Quando seu filho se comportar de acordo com os velhos padrões, exponha seus sentimentos e suas expectativas.*

_____

_____

_____

_____

G. *Há outra habilidade que você acha que poderia ajudar?*

_____

_____

_____

_____

O exercício que você acabou de completar foi elaborado por mim há vários anos. O que me levou a fazê-lo? Certo dia, quando busquei David de sua reunião de escoteiros, seu chefe pediu que eu o acompanhasse a uma sala. Sua expressão era severa.

"O que aconteceu?", perguntei nervosa.

"Queria falar com você sobre o David. Estamos tendo alguns probleminhas."

"Probleminhas?"

"David se recusa a seguir instruções."

"Não entendo. Que instruções? Do projeto que ele está fazendo agora?"

Ele tentou sorrir pacientemente. "De *todos* os projetos que estamos fazendo desde o começo do ano. Quando seu filho tem uma idéia na cabeça, não se consegue mudá-la. Ele tem seu próprio jeito de fazer as coisas e não ouve outras idéias. Francamente, os outros meninos estão um pouco cheios dele. Ele toma um tempão do grupo... Ele é teimoso em casa também?"

Não me lembro o que respondi. Balbuciei algo, enfiei David dentro do carro e fui embora depressa. David permaneceu em silêncio a caminho de casa. Liguei o rádio, grata por não ter de falar. Meu estômago ficou tão embrulhado que doía.

Senti que finalmente David tinha sido "descoberto". Durante anos, fiquei fingindo para mim mesma que ele era só um pouco teimoso – comigo, com seu pai, com sua irmã e seu irmão. Mas agora não havia como escapar da realidade. O mundo externo tinha confirmado o que eu nunca quis enfrentar. David era rígido, obstinado e inflexível.

Passaram-se horas até que consegui adormecer. Fiquei deitada, culpando David por não ser como as outras crianças e me incriminando pelas vezes em que o tinha chamado de "mula" ou "burro empacado". Só na manhã seguinte é que pude considerar a opinião sobre meu próprio filho da perspectiva do chefe dos escoteiros, e começar a pensar em como ajudar David.

De uma coisa eu tinha certeza: era importante que eu *não* me deixasse arrastar pela corrente e empurrar mais ainda o David de modo que reforçasse esse papel. Minha tarefa era procurar e afirmar o que ele tinha de melhor. (Se eu não o fizesse, quem o faria?) Bem, então ele era o "determinado" e o que "tinha força de vontade". Mas também tinha a capacidade de demonstrar uma mente aberta e flexível. E essa era a parte que precisava ser validada.

Fiz a lista de todas as habilidades que ajudam a criança a se ver de outro modo. Então, tentei pensar nos tipos de situações que levaram David a desempenhar esse papel, no passado. O que eu poderia dizer-lhe se ocorresse novamente? Eis o que elaborei:

A. *Busque oportunidades de mostrar a seu filho uma nova imagem de si mesmo.* "David, você concordou em ir à casa da vovó conosco, mesmo que o seu desejo fosse ficar em casa e brincar com um amigo. Isso foi ser generoso."

B. *Coloque seu filho numa situação em que ele possa ver a si mesmo de forma diferente.* "Parece que cada um nessa família quer ir a um restaurante diferente. David, talvez você tenha uma idéia que ajude a desfazer o empate."

C. *Deixe-o escutar (sem querer) algo positivo sobre ele.* "Papai, David e eu fizemos um acordo hoje. Ele não queria calçar as botas de borracha e eu não queria que ele ficasse com os pés molhados na escola o dia todo. Aí, ele teve a idéia de calçar os tênis velhos no caminho e levar seus tênis novos para trocar."

D. *Modele o comportamento que você gostaria de ver.* "Eu estou tão desapontada! Eu queria tanto ver um filme, hoje à noite, e papai me lembrou que combinamos de ir a um jogo de basquete... Está bem, acho que posso deixar o filme para a semana que vem."

E. *Seja um arquivo vivo dos melhores momentos de seu filho.* "Eu me lembro da sua forte aversão quanto a participar naquele acampamento dos escoteiros. Mas, depois, você começou a pensar sobre o assunto e se informou a respeito, conversou com outras crianças que já haviam ido lá uma vez e resolveu experimentá-lo."

F. *Quando seu filho se comportar de acordo com os velhos padrões, exponha seus sentimentos e suas expectativas.* "David, quem vai a um casamento de jeans usados parece mostrar desrespeito. Para essas pessoas é como se dissessem que esse casamento não tem importância. Mesmo que você deteste a idéia de colocar terno e gravata, espero que você se vista de acordo."

G. *Há outra habilidade que você acha que poderia ajudar?* Uma maior aceitação dos sentimentos negativos de David. Mais opções. Mais resoluções conjuntas dos problemas.

Foi esse exercício que mudou minha atitude em relação a David. Isso me possibilitou vê-lo de um modo diferente e, assim, tratá-lo da maneira como eu havia começado a vê-lo. Não havia resultados espetaculares de um dia para outro. Algumas vezes isso deu muito certo. Parecia que, quanto mais eu apreciava a capacidade de David de ser flexível, mais flexível ele era capaz de ser. Porém, alguns dias ainda foram bastante decepcionantes. Minha raiva e frustração me levavam de volta ao ponto de partida, e eu me via novamente num debate aos gritos com ele, como no início.

Mas a longo prazo me recusei a perder a coragem. Fiquei firme em minha nova atitude. Esse meu filho "persistente" tinha uma mãe igualmente "persistente".

* * *

O menino agora é adulto. Há bem pouco, quando ele não quis ouvir a razão (isto é, meu ponto de vista), fiquei tão nervosa que perdi a calma e o acusei de ser "cabeça-dura".

Ele pareceu perturbado e ficou quieto por um momento.

"É assim que você me vê?", perguntou ele.

"Bem, eu... eu...", gaguejei embaraçada.

"Tudo bem, mãe", disse ele gentilmente. "Graças a você eu agora tenho uma opinião diferente de mim."

Lembrete

Para liberar as crianças do desempenho de papéis

1. BUSQUE OPORTUNIDADES DE MOSTRAR A SEU FILHO UMA NOVA IMAGEM DE SI MESMO.
"Você tem esse brinquedo desde os três anos e ele ainda parece novo."

2. COLOQUE SEU FILHO NUMA SITUAÇÃO EM QUE ELE POSSA VER A SI MESMO DE FORMA DIFERENTE.
"Sara, você poderia pegar a chave de fenda e apertar os puxadores da gaveta?"

3. DEIXE-O ESCUTAR (SEM QUERER) ALGO POSITIVO SOBRE ELE.
"Ele segurou o braço firme, mesmo que a injeção tenha doído."

4. MODELE O COMPORTAMENTO QUE VOCÊ GOSTARIA DE VER.
"É duro perder, mas vou tentar levar na esportiva. Parabéns!"

5. SEJA UM ARQUIVO VIVO DOS MELHORES MOMENTOS DE SEU FILHO.
"Eu me lembro quando você..."

6. QUANDO SEU FILHO SE COMPORTAR DE ACORDO COM OS VELHOS PADRÕES, EXPONHA SEUS SENTIMENTOS E SUAS EXPECTATIVAS.
"Eu não gosto disso. Apesar do seu desapontamento, espero que você leve na esportiva uma derrota."

Parte II: Histórias de pais – presente e passado

Aqui estão as experiências de vários pais que estavam decididos a liberar seus filhos dos papéis nos quais foram moldados:

Durante as sessões concernentes à colocação das crianças em seus papéis, comecei a sentir um frio no estômago. Lembrei-me de como fiquei aborrecida com Gustavo recentemente e das coisas horríveis que eu lhe disse:

"Eu queria que você se visse com meus olhos. Você está agindo como um palhaço."

"Por que é sempre você que atrapalha todo o mundo?"

"Acho que não devia esperar mais nada de você. Já devia saber como você é desagradável."

"Você nunca terá bons amigos."

"Aja conforme a sua idade. Está se comportando como um menino de dois anos."

"Você come de maneira nojenta. Será que nunca aprenderá a comer decentemente?"

Eu o considerava o meu "castigo merecido" e sempre fiquei em cima dele. Além do mais, tive uma reunião com a professora dele nesta semana e ela se queixou de que ele é imaturo. Há pouco tempo, provavelmente teria concordado com ela, mas naquele dia suas palavras me feriram profundamente. Achei que a situação não poderia piorar mais, portanto decidi experimentar algumas das lições de nossas sessões.

No início percebi que estava com muita raiva para poder ser boazinha. Eu sabia que o Gustavo precisava de uma resposta positiva, mas não estava em condições de conversar com ele. Assim eu lhe escrevi um bilhete na primeira ocasião em que ele acertou algo:

Querido Gustavo:

Ontem tive um ótimo dia. Você facilitou as coisas para mim, saindo na hora certa para pegar a carona da escola dominical. Você já estava pronto, vestido e esperando por mim.

Obrigada.

Mamãe

Poucos dias mais tarde, tive de levá-lo ao dentista. Como de costume, ele começou a correr pelo consultório todo. Aí tirei meu relógio, o dei a ele e disse: "Eu sei que você pode sentar quieto por cinco minutos". Ele olhou surpreso, mas sentou e ficou quieto até o dentista chamá-lo.

Quando saímos do consultório, fiz algo que nunca fizera antes. Saí só com ele para tomar um chocolate quente. De fato tivemos uma boa conversa. Naquela noite, quando o levei para a cama, contei que adorei o tempo que ficamos juntos.

Custo a acreditar que aquelas pequenas atitudes poderiam ter feito alguma diferença para o Gustavo, mas parece que agora ele se esforça para me agradar mais, o que me deu mais estímulo. Por exemplo, ele deixou um livro e sua jaqueta no chão da cozinha. Normalmente isso teria sido um motivo para eu começar a gritar com ele. Em vez disso, expliquei-lhe que eu ficava muito brava ao ser obrigada a pegar as coisas dele, mas confiava que se lembraria, de agora em diante, de colocar as coisas nos devidos lugares.

E, na hora do jantar, não critiquei as maneiras dele à mesa, toda hora. A única vez que digo algo é quando sua atitude mostra-se muito grosseira, aí tento falar uma vez só.

Também estou tentando dar-lhe mais responsabilidade dentro de casa, na expectativa de que começará a se comportar de forma mais madura. Peço-lhe que apanhe a roupa do secador, que descarregue os mantimentos e guarde-os e outras tarefas do gênero. Deixei até ele preparar o seu ovo estrelado numa manhã. (Quando ele derramou um pouquinho do ovo no chão, fiquei absolutamente quieta.)

Estou receosa de dizê-lo, mas seu comportamento certamente melhorou. Talvez seja porque estou mais atenta a ele.

* * *

Heloísa é uma criança adotada. Desde o primeiro dia, quando ela chegou em nossa casa, foi pura alegria. Ela crescia como uma criança doce e adorável. Eu não somente a considerava meu orgulho e minha alegria, mas também lhe dizia a toda hora quanta felicidade ela me trouxe. Porém, quando li o capítulo sobre papéis, comecei a pensar se eu não estaria colocando uma carga excessiva nela, de ser "boa", de ser o "meu prazer". Também me perguntei se não haveria outros sentimentos, que estava com medo de mostrar.

Minha preocupação levou-me a experimentar uma série de novas ações. Talvez a mais importante tenha sido o fato de Heloísa saber que todos os seus sentimentos eram aceitos e que não havia nada de errado em ter raiva, sentir-se furiosa ou frustrada. Quando um dia me atrasei por meia hora para pegá-la na escola, disse: "Deve ter sido frustrante para você esperar tanto tempo por mim". (Eu disse em lugar da minha saudação usual: "Obrigada por ser tão paciente, minha querida".) Em outra ocasião eu disse a ela: "Aposto que sentiu vontade de falar umas verdades a sua amiga, por faltar num encontro com você!" (Em vez da minha palavra usual: "Bem querida, outras pessoas não são tão educadas como você".)

Tentei também projetar o que eu queria para ela. Comecei a me permitir falar mais vezes sobre meus próprios sentimentos negativos. Outro dia disse-lhe: "Estou um tanto mal-humorada neste momento e queria ter um pouco de tempo só para mim". Certa vez ela me pediu emprestado meu novo cachecol. Respondi que ainda não estava com vontade de compartilhá-lo.

Queria elogiá-la de outra forma. Em vez de continuar a parabenizá-la pelo seu trabalho escolar, expus a *ela* o quanto já havia conseguido ("Isto é um trabalho claro e bem organizado"), sem estender-me.

A manhã seguinte apresentou uma novidade. Heloísa tomava banho e eu lavava pratos. Ela bateu na porta e eu diminuí a água quente pela metade. Depois ela veio correndo até a cozinha e gritou: "Eu *pedi* a você que não usasse a água quente. Tive de tomar banho com água gelada!".

Se ela tivesse feito isso um mês atrás, eu ficaria chocada. Teria lhe dito: "Heloísa, isto não é jeito de se comportar!".

Dessa vez eu disse: "Estou vendo que você está com muita raiva! Já registrei na mente para não usar *toda* a água quente enquanto você toma banho!".

Tenho o pressentimento de que Heloísa vai se manifestar muito mais no futuro, e com certeza não gostarei de ouvir tudo o que ela vai dizer; porém, a longo prazo, ainda acho que é mais importante para ela ser verdadeira, em vez de ser "a alegria da mamãe".

P.S.: Agora, sempre quando ouço alguém contando quão "bons" seus filhos são, fico desconfiada.

* * *

Ontem fui ao parque infantil com minhas duas filhas. Disse a Kátia, a mais velha (oito anos), umas quatro ou cinco vezes: "Fique de olho na Vivian. Segure-a quando ela subir no escorregador. Fique perto dela".

Comecei a me perguntar se eu estava colocando Kátia no papel da "irmã mais velha responsável". É verdade que era uma prova de confiança nela, mas talvez estivesse pressionando-a demais... E certamente, em termos práticos, precisei muitas vezes da sua ajuda.

Também comecei a me questionar se não estava tratando Vivian (cinco anos) como se fosse um bebê. Estou planejando não ter mais filhos e por isso, talvez, a esteja tratando deste modo. Afinal, ela *é* meu bebê.

Pensando mais sobre isso, percebi que Kátia provavelmente se ressentia desse fato. Nos últimos meses, ela estava se recusando a voltar da escola para casa com a Vivian, bem como não queria mais ler para ela. Percebi também que, na idade de Vivian, Kátia já fazia mais coisas sozinha que a irmã, por exemplo, servir-se sozinha do leite.

Eu ainda não fiz nada a esse respeito, mas aos poucos estou chegando à conclusão do que as minhas filhas precisam. Vivian precisa de ajuda a fim de ser mais independente – para o seu próprio bem, assim como para que haja menos pressão sobre Kátia. Kátia também precisa poder escolher se quer cuidar da irmã – a não ser que eu necessite urgentemente da sua ajuda. E assim talvez eu possa dar um pouco de colo para Kátia, de vez em quando. Há muito tempo não faço isso.

* * *

Foi muita sorte para Nelson eu ter conseguido participar do grupo na semana passada. Quando voltei para casa naquela manhã, recebi um telefonema da minha vizinha. Ela estava bastante nervosa, pois vira que o Nelson havia cortado três das suas tulipas premiadas, a caminho da escola!

Eu estava fora de mim. Pensei: "Aconteceu de novo!". Ele vai negar que teve algo a ver com isto, da mesma forma como fez quando desmontou o relógio. (Mais tarde achei as peças no seu quarto.) Da mesma forma como fez quando declarou que pulou um ano na escola. (Quando telefonei para a professora, ela me disse que ninguém mais pula de ano.) Ele ultimamente fala tanta mentira que até os irmãos estão dizendo: "Mãe, o Nelson está mentindo de novo!".

Sei que não agi certo. Sempre faço questão de que ele me conte a verdade e, se não o faz, em geral o chamo de mentiroso, dou-lhe uma lição sobre contar mentiras, ou um castigo. Acho que só piorei as coisas, mas ser honesto é muito importante para meu marido e para mim. Não consigo entender como Nelson é desse jeito.

De qualquer modo, como já disse, eu estava feliz por ter tido uma aula sobre papéis, pois, mesmo estando muito preocupada, sabia que não devia colocar Nelson no papel de mentiroso novamente.

Quando ele voltou na hora do lanche, não entrei em controvérsia com ele. ("Foi você? Tem certeza de que não? Não minta para mim desta vez.") Fui diretamente ao assunto. Disse: "Nelson, a dona Célia me contou que você arrancou as tulipas dela".

"Não, eu não fiz isto. Não fui eu!"

"Nelson, ela viu você. Ela estava na janela."

"Você pensa que *eu sou* um mentiroso. *É ela* que mente!"

"Nelson, eu não quero falar sobre quem está ou não mentindo. Já aconteceu. Por alguma razão você decidiu pegar três das tulipas dela. Agora precisamos pensar em como remediar o fato."

Nelson começou a chorar. "Eu queria algumas flores para a minha professora"

Eu disse: "Oh, foi por isso! Obrigada por me contar o que aconteceu... Às vezes é difícil falar a verdade, especialmente se pensa que isso pode criar problemas para você".

Aí ele começou a soluçar.

Eu o coloquei no meu colo e disse: "Nelson, percebo como você está arrependido. Dona Célia está muito brava. O que podemos fazer?".

Aí Nelson começou a chorar de novo. "Tenho medo de dizer a ela que eu sinto muito!"

"Você acha que poderia fazer isso por escrito?"

"Eu não sei... Ajude-me."

Nós preparamos um pequeno bilhete, ele o escreveu (ele está na primeira série).

Eu disse: "Você acha que isso é suficiente?".

Ele se mostrou surpreso.

"O que você acha se comprássemos um vaso de tulipas para encher o lugar que ficou vazio?"

Nelson deu uma grande risada. "Poderíamos?"

Logo após as aulas fomos a um florista. Nelson escolheu um vaso com quatro tulipas e o deixou, junto com o bilhete que escrevera, na escada da casa da dona Célia. Depois tocou a campainha e correu para casa.

Tenho certeza de que ele não repetirá essa façanha, e não acredito que mentirá tanto futuramente. Acho que vai se abrir mais comigo, de agora em diante. Se esse não for o caso (acho que devo ser realista), não o colocarei mais no papel de um mentiroso. Devo encontrar um meio de lhe facilitar para que ele me diga sempre a verdade.

* * *

Certo dia, ao final de uma aula sobre papéis, um pai lembrou-nos do seguinte: "Eu me recordo, quando era criança, de que costumava contar ao meu pai um monte de idéias malucas. Ele sempre me ouvia com toda atenção. Depois dizia: 'Filho, você pode ter sua cabeça nas nuvens, porém os seus pés devem estar firmes no chão'. Agora, aquele quadro que ele desenhou de mim mesmo, como alguém que sonha, mas também alguém que sabe enfrentar a realidade, ajudou-me a vencer em tempos difíceis... Eu estava me perguntando se alguém dos presentes teve esse tipo de experiência".

Houve um silêncio em que cada um de nós parecia voltar ao passado, para lembrar as mensagens que marcaram nossas vidas. Aos poucos começamos a lembrar, em voz alta:

"Quando eu era pequeno, minha avó sempre me dizia que eu tinha mãos maravilhosas. Sempre que eu enfiava uma agulha para ela ou desamarrava os nós de sua lã, ela dizia que eu tinha 'mãos de ouro'. Acho que isso foi uma das razões para eu me decidir a ser dentista."

"Meu primeiro ano no magistério foi um desafio para mim. Eu costumava tremer quando o diretor entrava para observar minha aula. Mais tarde, ele me deu algumas idéias, mas sempre acrescentou: 'Jamais me preocupei com você, Ellen. Você própria se corrige'. E ele certamente jamais soube quanto estas palavras me inspiraram. Todo dia eu me lembrava delas. Elas me ajudaram a acreditar em mim mesma."

"Quando completei dez anos, meus pais me deram um monociclo. Durante um mês quase sempre eu caía. Acreditava que nunca ia aprender a andar com ele; mas um dia, de repente, eu estava andando, mantendo meu equilíbrio. Minha mãe achou que eu era toda especial. Desde então, sempre que estava preocupada em aprender algo novo, como francês, por exemplo, ela dizia: 'Qualquer menina que sabe andar num monociclo não terá problema em aprender francês'. Eu sabia que não havia nenhuma lógica nisso. O fato de saber andar num monociclo nada tinha a ver com a aprendizagem de uma língua! Mas adorei ouvir isso. Passaram-se quase trinta anos. E até hoje, sempre que tenho de enfrentar um novo desafio, ouço a voz da minha mãe: 'Qualquer menina que sabe andar num monociclo...'; posso rir, mas aquela imagem me ajuda até hoje."

Quase todos do nosso grupo tinham lembranças a compartilhar. No fim da sessão, ficamos simplesmente sentados, olhando um para o outro. O pai que nos levou a lembrar meneou a cabeça maravilhado. Quando ele falou, o fez por todos nós: "Nunca subestime a força das suas palavras em relação à vida de uma pessoa jovem!".

7 Uma síntese

Alguns pais nos contaram que o processo de liberar os filhos do desempenho de papéis é algo complicado. Não só envolve uma completa mudança de atitude em relação ao filho, mas também requer o conhecimento ativo de muitas habilidades. Um pai nos disse: "Para mudar um papel, na realidade você tem de ser capaz de juntar tudo – sentimentos, autonomia, elogio, alternativas ao castigo – o lote completo".

Para ilustrar o contraste entre o pai bem-intencionado e aquele que se relaciona tanto com as habilidades quanto com amor, elaboramos duas cenas (baseadas nas personagens do livro *Pais liberados/ filhos liberados*). Em cada uma delas, Suzi, de sete anos, tenta desempenhar o papel de "princesa". Enquanto você observa como a mãe lida com sua filha nessa primeira cena, pense: o que ela poderia ter feito de diferente?

A Princesa – Parte I

MÃE: Oi, todo o mundo!... Oi, Suzi... Você não diz "Oi" para sua mãe? (*Suzi, de cara amarrada, continua pintando no seu caderno, ignorando a mãe.*)

MÃE: (*soltando os pacotes*) Bem, acho que consegui aprontar tudo para as visitas de hoje à noite. Temos pãezinhos, frutas e (*balançando um saco de papel em frente da filha, tentando fazê-la sorrir*) uma pequena surpresa para a Suzi!

SUZI: (*agarrando o embrulho*) O que você me comprou? (*tirando uma coisa de cada vez*) Lápis de cor?... Que bom!... Um estojo... (*indignada*) Um caderno azul! Você sabe que eu detesto azul! Por que não comprou um vermelho?

MÃE: (*se justificando*) Acontece que fui em duas lojas, mocinha, e não tinha caderno vermelho, nem no supermercado nem na papelaria.

SUZI: Por que você não foi à loja perto do banco?

MÃE: Não tive tempo!

SUZI: Pois leve de volta! Não quero o azul!

MÃE: Suzi, eu não quero voltar só por causa de um caderninho. Tenho um monte de coisas para fazer!

SUZI: Eu não quero o caderno azul! Você só desperdiçou seu dinheiro!

MÃE: (*suspirando*) Oh, como você é mimada! Você quer sempre mandar, né?

SUZI: (*fazendo charminho*) Não é isso, mas é que o vermelho é minha cor favorita e azul é horrível. Por favor, mãe, troca!

MÃE: Bem... Talvez eu possa ir mais tarde.

SUZI: Que bom! (*voltando a desenhar*) Mãe?

MÃE: Sim?

SUZI: Quero que a Beth venha dormir hoje aqui em casa.

MÃE: De jeito *nenhum*! Você sabe que o papai e eu vamos receber visitas hoje à noite.

SUZI: Mas ela *tem* de dormir aqui hoje, já convidei!

MÃE: Bem, você pode ligar e dizer que hoje ela não pode vir.

SUZI: Você é ruim!

MÃE: Não, não sou. O que acontece é que não quero crianças por perto quando tenho visitas. Você se lembra de como atrapalharam na última vez?

SUZI: Não vamos atrapalhar!

MÃE: (*em voz alta*) A resposta é não!

SUZI: Você não gosta de mim! (*começando a chorar*)

MÃE: (*chateada*) Você sabe muito bem que eu gosto de você! (*segurando carinhosamente seu queixo*) Venha cá, quem é minha princesinha?

SUZI: Por favor, mãe. Nós vamos ficar boazinhas!

MÃE: (*relaxando por um momento*) Bem... (*fazendo um gesto negativo*) Suzi, não vai funcionar. Por que você torna tudo tão difícil para mim? Quando digo "não" é "não"!

SUZI: (*jogando o livro no chão*) Eu a odeio!

MÃE: (*severamente*) Desde quando atiramos livros no chão? Pegue-o!

SUZI: Não pego!

MÃE: Recolha-o agora mesmo!

SUZI: (*gritando mais alto e atirando um lápis ao chão de cada vez*) Não, não, não e não!

MÃE: Não se atreva a jogar mais nenhum lápis!

SUZI: (*atira outro lápis*) Eu faço o que eu quero!

MÃE: (*batendo no braço de Suzi*) Eu disse que chega, sua pestinha!

SUZI: (*berrando*) Você me bateu! Me bateu!

MÃE: Você quebrou os lápis que eu lhe comprei!

SUZI: (*chorando histericamente*) Você fez até uma marca no meu braço!

MÃE: (*muito aborrecida, massageia o braço de Suzi*) Desculpe, é só um arranhão. Acho que foi a minha unha. Vai sarar já, já!

SUZI: Você me *machucou*!

MÃE: Desculpe, querida. Foi sem querer, a mamãe nunca ia machucar você. Sabe de uma coisa? Chame a Beth e convide-a para hoje à noite! Você acha que ficaria melhor?

SUZI: (*ainda em lágrimas*) Sim.

Como você pode perceber, há ocasiões em que amor, espontaneidade e boas intenções simplesmente não bastam. Quando os pais estão na linha de fogo, precisam recorrer também às habilidades.

Na cena seguinte, encontramos a mesma mãe com a mesma filha. Mas, dessa vez, a mãe utiliza todas as habilidades para ajudar a filha a mudar seu comportamento.

A Princesa – Parte II

MÃE: Oi, todo o mundo!... Oi, Suzi. Vejo que você está ocupada, desenhando.

SUZI: (*sem olhar para cima*) É.

MÃE: (*largando os pacotes*) Bem, acho que estou pronta para o jantar de hoje. Enquanto fiz as compras, aproveitei para comprar algum material escolar para você.

SUZI: (*agarrando o embrulho*) O que você me trouxe? (*começa a tirar as coisas*) Lápis coloridos? Que bom! Um estojo... (*indignada*) Um caderno azul! Você sabe que eu detesto o azul! Por que você não comprou o vermelho?

MÃE: Por que será?

SUZI: (*hesitante*) Porque na loja não tinha?

MÃE: (*elogiando*) Você adivinhou!

SUZI: Então você deveria ter ido a outra loja!

MÃE: Suzi, quando me esforço para comprar alguma coisa especialmente para minha filha, eu gostaria de ouvir: "Obrigada, mamãe... Obrigada pelo lápis... Obrigada pelo estojo... Obrigada pelo caderno novo, mesmo que não seja da cor que eu queria!".

SUZI: (*resmungando*) Obrigada... mas eu continuo detestando o azul!

MÃE: Claro, você é uma pessoa com gosto definido quanto a cores.

SUZI: Sim, estou pintando todas as flores de vermelho. Mamãe, a Beth pode vir dormir aqui hoje?

MÃE: (*considerando o pedido*) O papai e eu vamos receber visitas hoje à noite. Mas ela é bem-vinda outra noite. Amanhã ou sábado que vem.

SUZI: Mas ela tem de vir. Eu já disse a ela que podia!

MÃE: (*firmemente*) Como eu lhe expliquei, você pode escolher: amanhã ou sábado, o que você preferir.

SUZI: (*com os lábios trêmulos*) Você não gosta de mim.

MÃE: (*sentando-se perto dela*) Suzi, não é hora de falar de gostar! Agora estamos tentando decidir qual é a melhor noite para sua amiga vir visitar.

SUZI: (*com lágrimas*) O melhor dia é hoje.

MÃE: (*com persistência*) Nós precisamos achar um dia que seja bom para você e para mim.

SUZI: Não me importo com você! Você é muito má comigo! (*Jogando o caderno no chão e começando a chorar.*)

MÃE: Não gosto disso! Cadernos não são para serem jogados. (*recolhe o caderno do chão*) Quando você está com raiva, diga seus sentimentos com palavras, como: "Estou brava, estou muito chateada, eu pensava que ia dormir com a Beth hoje".

SUZI: (*acusatória*) A gente combinou de fazer biscoitos e ver TV!

MÃE: Compreendo.

SUZI: E ela ia até trazer o saco de dormir e eu ia pôr meu colchão perto dela.

MÃE: Vocês já tinham planejado tudo!

SUZI: É! E a gente falou sobre isso na escola do dia inteiro.

MÃE: Hum...! Quando a gente já tem todos os planos prontos e tem de mudar é bem frustrante.

SUZI: É mesmo! Então ela pode vir hoje? Por favor! Por favor!

MÃE: Eu gostaria que fosse bom para você e para mim deixar hoje, porque você quer tanto. *(levanta-se)* Suzi, eu vou para a cozinha, enquanto estiver preparando o jantar vou pensar no quanto você está desapontada.

SUZI: Mãe...

MÃE: *(falando da cozinha)* Assim que você decidir que noite quer que ela venha, me avise.

SUZI: *(vai até o telefone e liga para a amiga)* Alô, Beth, não dá para você vir hoje. Meus pais vão ter umas visitas chatas. Você pode vir amanhã ou sábado que vem.

Na segunda dramatização, a mãe tinha as habilidades necessárias para evitar que Suzi desempenhasse o papel de "princesa". Não seria maravilhoso se pudéssemos ter o tipo de respostas construtivas para nossos filhos e para nós?

Mas a vida não se dá como num pequeno *script*, decorado com antecedência. Os dramas da vida real não nos dão tempo para ensaiar ou pensar com cuidado. No entanto, com as novas diretrizes, apesar de dizermos coisas de que nos arrependemos depois, temos uma direção bem clara para voltar. Há princípios básicos confiáveis. Não nos afastaremos muito dessa direção se aceitarmos os sentimentos de nossos filhos, falarmos dos nossos próprios sentimentos, trabalharmos na direção de futuras soluções e não de culpas do passado. Talvez saiamos do rumo temporariamente, mas por certo não voltaremos mais à nossa forma de comunicação anterior.

Um último lembrete: não nos deixemos aprisionar em papéis: pai bom, pai mau, pai permissivo, pai autoritário. Vamos começar a pensar em nós mesmos, primeiro como seres humanos com grande potencial de crescimento e mudança. O processo de viver ou trabalhar com filhos é exigente e exaustivo. Requer coração, inteligência e resistência. Quando não atingirmos nossas expectativas (e nem sempre o faremos), sejamos tão gentis conosco como com as crianças. Se nossos filhos merecem mil oportunidades e depois mais uma, vamo-nos permitir mil oportunidades e ainda mais duas.

Conclusão

Ler este livro já mostrou que você foi bastante exigente consigo mesmo. Encontrou novos princípios para assimilar, novos métodos para colocar em prática, novos padrões de atuação para aprender e velhos padrões para desaprender. Com tanta coisa para escolher e fazer de seu jeito, às vezes é difícil não perder a visão do conjunto. Por isso, pela última vez, apresentaremos um resumo das grandes linhas desse método de comunicação.

Queremos encontrar uma nova maneira de conviver que permita nos sentirmos bem conosco e ajudar outras pessoas, das quais gostamos, a sentir-se bem consigo mesmas.

Queremos encontrar uma maneira de viver sem culpas ou recriminações.

Queremos encontrar uma maneira de ser mais sensíveis aos sentimentos dos outros.

Queremos encontrar uma maneira de expressar a nossa irritação ou raiva, sem causar dano a ninguém.

Queremos encontrar uma maneira de respeitar as necessidades de nossos filhos e ser igualmente respeitosos quanto a nossas necessidades.

Queremos encontrar uma maneira de tornar possível a nossos filhos serem solidários e responsáveis.

Queremos romper o ciclo de conversas inúteis que nos foi transmitido ao longo de gerações e oferecer a nossos filhos um legado diferente – um modo de comunicar-se que eles possam utilizar pelo resto de suas vidas, com seus amigos, seus colegas, seus pais, seus cônjuges, e algum dia com seus próprios filhos.

Vinte anos depois

Caro leitor,

Quando *Como falar...* foi publicado pela primeira vez, em 1980, ficamos na torcida. Não tínhamos a mínima idéia de como as pessoas reagiriam. O formato era muito diferente de nosso último livro *Pais liberados/filhos liberados*; era a história de nossas experiências pessoais. Este livro era basicamente uma versão dos *workshops* que estávamos conduzindo pelo país afora. Os pais o achariam útil?

Sabíamos como as pessoas reagiam quando trabalhávamos diretamente com elas. Sempre que apresentávamos o programa de duas partes (palestra à noite, seguida de *workshop* pela manhã), estávamos cientes de que, antes mesmo de começar a sessão matinal, os pais nos aguardavam ansiosos para dizer como, durante a noite, tinham tentado uma nova habilidade e como estavam contentes com os resultados.

Mas isso acontecia porque estávamos lá em pessoa, dramatizando com a audiência, respondendo a suas questões, ilustrando cada princípio com exemplos, usando todas as nossas energias para transmitir nossas convicções. Será que os leitores "as captariam" nas páginas de um livro?

Eles captaram, em números que nos surpreenderam. Nossos editores informaram que estavam imprimindo mais exemplares para atender à demanda. Um artigo no *New York Times*, relatou que, entre centenas de obras que inundam o mercado de livros sobre educação de filhos, *Como falar...* era um dos dez mais vendidos. A rede de TV PBS produziu uma série de seis programas baseada em cada capítulo. Mas a maior surpresa veio da quantidade de correspondência que nos era enviada. As cartas chegavam em um fluxo contínuo, não só dos Estados Unidos e do Canadá, mas de países do mundo inteiro, alguns tão pequenos e desconhecidos que tínhamos de procurá-los no mapa.

A maioria das pessoas escrevia para expressar sua apreciação. Muitos descreviam, com algum detalhe, como nosso livro tocou suas vidas. Queriam que soubéssemos exatamente o que estavam fazendo de modo diferente – o que estava funcionando com seus filhos e o que não estava. Parecia que os pais em todos os lugares, independentemente do quão diferente fosse a cultura, estavam lidando com problemas similares e procurando respostas.

Havia outro tema que apareceu nas cartas. As pessoas contavam o quanto era difícil mudar velhos hábitos. "Quando me lembro de usar minhas habilidades, tudo anda melhor, mas com freqüência volto atrás, especialmente quando estou sob pressão." Eles também expressavam o desejo de ajuda adicional. "Quero que essa abordagem seja uma parte mais natural de mim. Preciso de prática e apoio. Vocês têm algum material que meus amigos e eu possamos usar para estudar esses métodos juntos?"

Entendíamos suas necessidades. Como jovens mães, tínhamo-nos reunido em um local com outros pais e discutido cada habilidade, e lutamos juntos para trazer os modos mais efetivos para lidar com os desafios infindáveis trazidos pelos filhos. Foi pelo fato de sabermos como poderia ser valiosa a experiência de grupo que concebemos a idéia de escrever uma série de sessões do tipo "Faça você mesmo", baseadas no livro. Tínhamos certeza de que se fosse dado aos pais um programa passo a passo, fácil de seguir, eles poderiam aprender as técnicas juntos, por si sós, sem a ajuda de um líder de grupo treinado.

Nosso "plano principal" funcionou. Os pais organizaram grupos, encomendaram nosso material para o *workshop* e realmente foram capazes de usá-lo com sucesso. Mas o que não havíamos previsto era o número de profissionais requisitando e usando o programa *Como falar*... Soubemos de psiquiatras, psicólogos, educadores, assistentes sociais, clérigos, padres e rabinos.

Surpreendemo-nos também com a variedade de organizações usando nosso material – centros de amparo à violência doméstica; unidades de reabilitação de drogas e álcool; departamentos de liberdade condicional juvenil; escoteiros; prisões; escolas para surdos e bases militares nos Estados Unidos e no exterior. Cerca de mais de 150 mil grupos ao redor do mundo tinham empregado nossos programas de áudio e vídeo.

Durante todo esse tempo, recebemos um pedido persistente, em especial das agências de Serviço Social: "Os pais precisam desesperadamente de técnicas de comunicação. Vocês têm algum material que nos ajude a treinar voluntários que saiam pela comunidade e conduzam seu programa *Como falar*...?".

Que idéia interessante! Gostaríamos de fazer isso. Talvez em algum momento no futuro pudéssemos escrever um...

Recebemos um telefonema da Universidade de Wisconsin. Eles o tinham feito! Sem o nosso conhecimento, obtiveram uma doação do governo federal e, juntamente com o Comitê de Prevenção do Abuso Infantil da Universidade, criaram um manual de treinamento de liderança para o programa *"Como falar para seu filho ouvir"*. Eles já tinham utilizado o nosso *workshop* para ensinar mais de 7 mil pais em treze países. Com grande entusiasmo, descreveram o sucesso do projeto e seu sonho de reproduzi-lo em cada estado. Será que veríamos o manual, faríamos qualquer mudança necessária e nos uniríamos a eles em uma aventura editorial mais ampla?

Depois que nos recobramos do choque dessa oferta "boa demais para ser verdade", planejamo-nos encontrar e trabalhar juntos. O manual acabou de ser publicado.

Então, aqui estamos, no aniversário do livro que lançamos com certo receio há vinte anos. Ninguém poderia prever, nós certamente não, que ele teria tal poder de permanência ou que teria vida própria em formatos e modos tão diferentes.

No entanto, mais uma vez nos encontramos com dúvidas. *Como falar...* continua resistindo ao seu tempo? Afinal, duas décadas se passaram. Além de todos os avanços tecnológicos, todo o quadro familiar se transformou. Havia mais famílias de pais solteiros, divorciados ou adotivos, mais famílias não-tradicionais, mais lares em que ambos, pai e mãe, trabalham fora, mais filhos em creches. Será que esses métodos de comunicação seriam tão relevantes no mundo mais rápido, difícil e hostil como o foram para a geração anterior?

Quando relemos nosso livro, tendo em vista o novo milênio que começou, chegamos à mesma conclusão: os princípios eram mais relevantes que nunca. Porque os pais – independentemente de seu *status* – estavam mais estressados e culpados que nunca, divididos entre as demandas conflitantes do trabalho e da família, esforçando-se para encaixar 48 horas em um dia de 24, tentando fazer de tudo e ser tudo para todas as pessoas importantes de suas vidas. Some a isso uma cultura consumista, que bombardeia seus filhos com valores materiais; a televisão que os expõe a cenas sexuais explícitas, computadores que lhes oferecem companhia pouco saudável instantaneamente; *videogames* que os dessensibilizam à violência; filmes que os estimulam com assassinatos múltiplos em nome da diversão e do entretenimento, e não é difícil entender por que tantos pais, hoje, sentem-se abalados e sobrecarregados.

Sabemos muito bem que este livro não é uma resposta completa. Há problemas que não podem ser solucionados apenas pelas técnicas de comunicação. No entanto, acreditamos que, com estas páginas, os pais encontrarão uma ajuda sólida – estratégias que os auxiliarão a enfrentar as frustrações inerentes a criar filhos; habilidades claras que lhes permitirão estabelecer limites e dar seus valores; habilidades concretas que manterão famílias próximas e conectadas, a despeito das forças externas prejudiciais; linguagem que tornará os pais capazes de ser firmes e carinhosos – carinhosos com eles próprios assim como com seus filhos.

Estamos de fato encantadas com a oportunidade que esta edição de aniversário apresenta. Ela nos oferece a chance de compartilhar com você nosso pensamento atual e alguns *feedbacks* que recebemos no decorrer dos anos – as cartas, as dúvidas, as histórias, as idéias de outros pais.

Esperamos que em alguma parte desse material você encontre um pouco mais de informação ou inspiração que o ajude a continuar na tarefa mais importante do mundo.

Adele Faber
Elaine Mazlish

As cartas

É sempre um grande prazer ouvir nossos leitores, mas as cartas mais gratificantes são aquelas em que as pessoas compartilham o modo como realmente usaram os princípios em *Como falar...* e os aplicaram na complexidade de suas vidas.

* * *

O livro de vocês me deu as ferramentas que eu estava procurando desesperadamente. Não sei como teria lidado com a dor e a raiva que meu filho de nove anos sentiu por seu pai e por mim quando nos divorciamos se eu não tivesse lido *Como falar...*

O exemplo mais recente: Tommy voltou de seu dia com o pai, completamente calado, porque seu pai o havia chamado de "peru".

Precisei de todo o esforço do mundo para não xingar meu ex-marido e dizer ao Tommy que seu pai é que era "peru". Em vez disso, eu disse: "Puxa, isso deve ter sido dolorido. Ninguém gosta de ser xingado. Você gostaria que seu pai só tivesse falado o que queria, sem rebaixá-lo".

Pude ver, pela expressão do Tommy, que o que eu disse ajudou. Mas não vou deixar isso de lado. Vou ter uma conversa com o pai dele. Só preciso encontrar uma forma de fazê-lo sem piorar as coisas.

Obrigada a vocês pela minha confiança recém-encontrada.

* * *

Comprei o livro de vocês por quatro dólares em um sebo e até agora posso dizer honestamente que esse foi o melhor investimento que fiz. Uma das primeiras técnicas que tentei foi "Descreva o que você vê". Quando obtive resultados positivos, quase caí da cadeira. Meu filho, Alex (quatro anos), é uma criança com energia excessiva (meus pais o chamam de "touro indomável"), o que me dá muitas oportunidades de usar as idéias do livro de vocês.

Eis como os capítulos sobre "Papéis" e "Soluções de problemas" me ajudaram: sempre que participava dos programas de cooperação na sua escola, eu percebia que a professora ficava cada vez mais aborrecida com ele, especialmente quando não se juntava ao grupo para cantar ou qualquer outra atividade que não o interessava. Quando Alex está aborrecido ou inquieto, é muito difícil ele permanecer sentado. Ele se mexe, corre, anda. Sua professora mencionava seu nome constantemente: "Alex, sente-se... Alex, pare com isso... Alex!!!". Eu o via sendo colocado no papel de "encrenqueiro".

Um dia, depois da escola, conversei com ele sobre o que ele não gostava do programa e sobre o que gostava. O que acontecia é que estava cansado de cantar as mesmas músicas e ter de ouvir as velhas histórias de sempre. Mas ele gostava mesmo de artes e dos jogos.

Então eu lhe disse como era difícil para a professora ensinar músicas ou contar histórias a todos os alunos quando uma criança ficava andando e incomodando a classe. Eu já ia lhe pedir que desse uma lista de soluções quando, de repente, ele disse: "Tudo bem, mãe. Eu vou correr no recreio, *depois das aulas!*". Respirei fundo e disse: "Me parece uma boa idéia". E, desde então, a professora não teve mais nada do que reclamar. Quanto mais uso minhas habilidades com meu filho, mais mudanças positivas vejo nele. É como se uma nova criança desabrochasse.

* * *

O orientador do primeiro grau recomendou *Como falar...* quando estávamos tendo problemas com o nosso filho de seis anos.

Depois de ler o livro todo, ter pegado emprestado os vídeos da Universidade de Michigan e aprendido sozinha as técnicas de comunicação para pais, vários de meus amigos repararam na grande mudança de nosso filho e me perguntavam o que eu estava fazendo que parecia causar tanta diferença em seu comportamento e em meu relacionamento com ele. (Ele costumava dizer: "Odeio você! Queria não ser seu filho". E passou a dizer: "Mãe, você é minha melhor companheira!".)

Depois de falar sobre o livro com meus amigos, eles me pediram que os ensinasse. Consegui todo o material necessário – a série de vídeo e os cadernos de exercícios – e apliquei o curso de seis semanas a minha classe de doze alunos (incluindo o meu marido!). Algum tempo depois, o outro departamento me perguntou se eu daria o curso novamente e o abriria para o público, o que fiz. Ministro o curso há vários anos e vi algumas mudanças incríveis, para melhor, na vida das crianças cujos pais participaram dos *workshops*.

Ultimamente, notei que alguns pais necessitam de mais tempo para pegar o espírito do programa. Eles se encontram sob tamanha pressão que querem respostas rápidas. Também é possível que estejam influenciados pelos conselhos atuais por aí, que lhes dizem que se não forem firmes, punindo e batendo, "fazendo a cabeça" dos filhos, não estarão cumprindo seu papel; não estarão sendo responsáveis. Mas, uma vez que eles efetivamente começam a usar sua abordagem, e vêem por si mesmos como funciona e como, no decorrer do tempo, os filhos passam a cooperar muito mais, ficam entusiasmados com o programa.

Quanto a mim, quando olho para trás, vejo que nosso filho estava se tornando um menino raivoso e rebelde. Encontrar seu material, aprender e aplicar as técnicas de *Como falar...* literalmente salvou nossa vida familiar e melhorou cem por cento o relacionamento com nosso filho. Acredito de fato que, desde que essas técnicas façam parte de nossas vidas, podemos ajudar a impedir que nosso filho se torne o tipo de adolescente que poderia fazer algumas escolhas extremamente perigosas, em função da raiva e rebeldia.

Obrigada por me apresentar o que vocês aprenderam de forma tão clara, que pode ser aprendida sem auxílio.

* * *

Encontrei *Como falar...* na nossa biblioteca local e devo dizer que é o livro mais gasto que já vi. Na realidade, tenho certeza de que a única coisa que o sustenta é a profundidade de seu conteúdo.

Ele está sendo extremamente útil para mim quanto a lidar com minha filha de dez anos, que recentemente desenvolveu determinado comportamento. Não sei de onde surgiu, de suas amigas ou da TV, mas ela passou a dizer coisas como: "Você nunca compra nada de bom para comer!", ou "Por que você me trouxe um vídeo tão bobo, ele é para bebês!".

Graças a vocês, não fico me defendendo ou sendo compreensiva. Agora, quando ela se torna "respondona", eu a detenho imediatamente. Digo-lhe algo como: "Elisa, não gosto de ser acusada. Se há algo que você quer ou não quer, você precisa me dizer de outra forma".

A primeira vez que agi assim, percebi como ela ficou surpresa. Mas agora noto que quando ela começa a se tornar impulsiva não preciso lhe dizer nada. Às vezes, só lhe dou "uma olhada" e ela pára, e faz um esforço real para ser civilizada.

* * *

O livro de vocês é a melhor coisa que já surgiu desde a máquina de lavar louça e o microondas! Hoje mesmo, de manhã, eu estava correndo para aprontar o bebê para a creche e lembrei Júlia (quatro anos) de que ela precisava usar o inalador para sua asma, antes que se vestisse para a escola. Ela me ignorou e começou a brincar com sua boneca Barbie. Normalmente eu teria gritado com ela, tirado a boneca, o que a levaria a fazer birra, me deixaria louca e me atrasaria para o trabalho.

Em vez disso, respirei fundo e disse: "Vejo o quanto você quer brincar com sua boneca Barbie. Tenho certeza de que ela também quer ficar com você. Você quer ligar o inalador ou acha que a Barbie é que quer ligar?". Ela respondeu: "A Barbie quer ligar". Então, ela foi até o inalador e fez a boneca "ligar", completou seu tratamento e se vestiu.

Obrigada do fundo dos meus "nervos".

De pais de adolescentes

Somos freqüentemente questionados quanto à "melhor" idade para usar essas técnicas. Nossa resposta-padrão é: "Nunca é cedo nem tarde demais". Eis o que os pais de adolescentes tiveram a nos dizer:

* * *

As pessoas sempre me perguntaram por que meus filhos são tão maravilhosos. Dou a minha esposa a maioria do crédito, mas também menciono *Como falar...*, porque ele me ajudou realmente a "viver" de acordo com o que acredito. Explico que não é só uma questão de dizer ou fazer algo específico. É sobre um modo de viver junto, com respeito verdadeiro. E quando você mantém esse respeito de forma contínua, isso lhe dá a medida de poder ou influencia quando os filhos se tornam adolescentes.

Sei que não há garantias e sei que não é fácil. Recentemente, Gerson, meu filho de catorze anos, me pediu dinheiro para ir ao cinema, ver um filme impróprio para menores. Eu lera a crítica e não o julgava adequado para ele. Apresentei-lhe minhas objeções, inclusive o fato de ele ser menor de idade. Ele respondeu que todos os seus amigos iam e ele não queria faltar. Repeti minha posição. Ele disse que eu não poderia impedi-lo, porque ele era alto e passaria por maior de dezessete anos, ou ainda, alguém na fila o ajudaria a entrar.

Eu disse: "Sei que não posso impedi-lo, mas espero que você não vá. Porque, pelo que li, esse filme é sobre sexo e violência e acho que essa é uma combinação doentia. O sexo não deve ter nada a ver com uma pessoa ferir a outra ou usá-la. Tem a ver com duas pessoas que se importam uma com a outra".

Bem, dei-lhe o dinheiro e espero que ele não tenha ido. Mas, mesmo que sim, tenho a sensação de que ele sentaria lá, com minha voz em sua mente. Por causa do nosso relacionamento, há uma boa chance de que ao menos ele considere meu ponto de vista. E essa é a única proteção que posso lhe dar contra todo o lixo aí fora, no mundo.

* * *

Gostaria que vocês soubessem que o livro de vocês mudou minha vida e meu modo de pensar...

... e a vida de meus filhos

... e o relacionamento com meu marido

... e o dele com as crianças

... e, ainda mais especialmente, nosso relacionamento com nossa filha adolescente, Jodie.

Um dos motivos de nossas brigas era sobre a hora de voltar para casa. Não importava o horário que estabelecêssemos, ela sempre conseguia se atrasar e nada que disséssemos ou fizéssemos fazia qualquer diferença. Era uma preocupação real, pois, em nossa cidade, muitos jovens vão a festas em que não há adultos. Certa vez, a polícia foi chamada, porque uma festa atraiu um monte de jovens não conhecidos e os vizinhos reclamaram do barulho e das garrafas de cerveja jogadas em seus jardins. Mesmo quando os pais estão em casa, a metade do tempo eles sobem para ver TV ou dormir e não têm idéia do que está ocorrendo lá embaixo. Um sábado de manhã, meu marido e eu nos sentamos com Jodie para ver se podíamos resolver o problema juntos. Ele lhe disse que, se pudesse, mudaria a família para uma ilha deserta pelos próximos dois anos, até que ela fosse para a faculdade. Mas, já que isso não seria possível, tínhamos de pensar em outra coisa.

Eu falei: "De fato, Jodie, você tem o direito de desfrutar uma noite com seus amigos. E papai e eu temos o direito de uma noite livre de preocupações. Precisamos encontrar um meio que satisfaça a todos nós".

Bem, conseguimos. Eis que finalmente concordamos: seríamos os responsáveis por verificar que houvesse um adulto em casa. Jodie seria responsável por chegar em casa em algum horário entre onze e meia e meia-noite. Já que dormimos cedo, eu colocaria o despertador para a meia-noite e quinze – para o caso em que surgisse algum imprevisto. Assim que chegasse em casa, ela desligaria o despertador. Desse modo, ela teria sua diversão e seus pais teriam uma noite de sono tranqüilo. Mas, se o despertador tocasse, nosso alarme se ligaria e teríamos de procurá-la.

Nosso acordo deu certo. Jodie manteve sua parte do trato e se responsabilizou por "vencer o relógio" cada vez.

Obrigada pelo livro de vocês salva-vidas.

Não só para crianças

Nosso propósito em escrever *Como falar...* era ajudar os pais a melhorar seu relacionamento com seus filhos. Jamais esperamos que algumas pessoas usassem o livro para mudar seu relacionamento com seus pais ou com eles próprios.

* * *

Fui criada sem elogios e com muita ofensa verbal. Após vários anos fugindo da vida por intermédio das drogas e do álcool, procurei terapia para tentar mudar meu comportamento autodestrutivo. Meu terapeuta recomendou o livro de vocês e foi uma ajuda incrível para mim – não só quanto à forma como falo com meu filho de 18 meses, mas quanto ao modo como hoje falo comigo mesma.

Não tento mais me diminuir. Estou começando a apreciar e até a dar crédito a mim mesma por tudo o que faço para mim e para meu filho. Sou mãe solteira e estava apavorada com a idéia de repetir a minha educação, mas agora sei que não vou fazê-lo. Obrigada por me ajudar a acreditar em mim.

* * *

Como falar..., minha "Bíblia", me ajudou a quebrar um ciclo de cinco gerações de negação de pessoas e sentimentos. Precisei de muito tempo, mas finalmente aprendi que não tenho de abafar meus sentimentos – mesmo aqueles menos nobres. Tudo bem, do jeito que eu sou. Espero que meus quatro filhos (17, 14, 12 e 10 anos) possam em algum momento apreciar o esforço que foi preciso de minha parte (anos de participação em curso para pais) para ser capaz de comunicar em vez de negar, negar, negar.

P.S.: Comprei o livro de vocês quando meu filho de 17 anos tinha somente um ano. Foi a minha salvação.

* * *

Tenho 40 anos e sou mãe de dois meninos. O que me tocou mais profundamente no livro de vocês foi a percepção de que fui imensamente prejudicada pela atitude de meus pais em relação a mim. Meu pai ainda hoje consegue me dizer algo doloroso, toda vez que nos vemos. Desde que tive meus filhos, essas observações são sobre as pequenas e desagradáveis criaturas, ou como sou uma mãe ruim e como estou criando mal meus filhos. Agora percebo que, mesmo sendo adulta, uma parte de Jim ainda é uma criança sofrendo feridas, dúvidas e ódio por mim mesma.

O estranho é que sou uma pessoa esforçada, consciensiosa, que teve um relativo sucesso como artista. No entanto, meu pai sempre faz uma imagem de uma pessoa que é completamente oposta a mim.

Depois de ler o livro de vocês, encontrei coragem de começar a confrontar meu pai.

Recentemente, quando ele me disse que eu era preguiçosa, respondi que ele poderia me ver desse modo, mas eu tinha outra imagem de mim mesma (ele ficou paralisado com isso). Agora, tenho uma nova esperança, a de que posso curar a criança dentro de mim, dando-lhe o apoio paterno que ela nunca teve.

Dos professores·

Em quase toda conferência, um ou dois professores nos chamavam de lado para nos dizer como nosso livro os havia afetado, não só pessoal como profissionalmente. Alguns escreviam suas experiências.

* * *

Li *Como falar...* há nove anos, quando comecei a lecionar. Eu estava acostumado a trabalhar com adultos e ainda não tinha meus filhos. O livro de vocês pode ter salvado minha vida. Com certeza ele me ajudou a ser um professor de sétima e oitava séries muito melhor, e uma pessoa bem mais feliz.

A mudança mais benéfica em minha maneira de pensar foi a não-exigência quanto ao modo de as crianças aprenderem ou se comportarem. Agora, me questiono como posso motivar meus alunos a se responsabilizar pelo problema. Meu sucesso mais recente foi Marco, o "palhaço" da classe, que perturbava os outros alunos e tirava zero nas provas. Certo dia, após as aulas, eu o chamei: "Marco, preciso falar com você. O que acha que o ajudaria a estudar?".

Minha pergunta o surpreendeu. Acho que ele esperava ser mandado para a diretoria. Depois de um longo silêncio, ele disse: "Talvez eu deva tomar notas!".

No dia seguinte, Marco não só começou a tomar notas, mas levantou sua mão e participou da aula. Um dos outros meninos disse: "Nossa, Marco! Até que você sabe das coisas".

No decorrer dos anos recomendei, emprestei e discuti o livro de vocês com centenas de pais e professores. Em geral mantenho um exemplar na cabeceira. A atenção consciente a seus preceitos também me ajudou a ser o tipo de pai, marido e amigo que eu queria me tornar.

* * *

Todos os meus alunos se beneficiaram de seu capítulo sobre o elogio. Tenho um menino com ADD (Transtorno de Déficit de Atenção). Em nove meses ele entregou apenas três lições de matemática. Depois de ler *Como falar...*, comecei usando a linguagem do elogio descritivo para seus pontos positivos. Passei a dizer coisas como: "Você encontrou seu próprio erro" ou "Você persistiu até chegar à resposta certa". Na semana seguinte, ele entregou *todas as lições*. Ele está tão orgulhoso de seu trabalho que quer que eu conte na próxima reunião de pais.

Tenho outro aluno, cuja caligrafia era tão ruim que até ele não conseguia ler o que escrevera. Suas notas em escrita eram em torno de cinco. Ele tem aulas de reforço com uma professora particular. Mostrei o livro de vocês a ela e, juntas, o enchemos de elogios. Nós duas escrevemos *tudo o que estava certo*, em sua caligrafia. ("Você se lembrou de escrever o 'H' na palavra *hora*.") Hoje ele entrou correndo em minha sala e anunciou que tinha acertado 19 palavras de 20. Foi sua primeira nota alta em ortografia.

* * *

Sou psicopedagogo em uma grande escola pública no Texas. Depois de treinar professores por vários anos e experimentar uma variedade de métodos – modificação comportamental, teoria de reforço, punições gradativamente mais severas, impedir recreio, detenção, suspensão –, meus colegas e eu chegamos à mesma conclusão: os princípios e as habilidades sobre os quais vocês escrevem em todos os seus livros são as ferramentas que necessitamos usar e ensinar nossos professores a usar. Estamos convencidos de que, quando nossas salas de aula realmente funcionam, isso ocorre porque os relacionamentos estão funcionando. E os relacionamentos funcionam quando a comunicação é humana.

Resposta do exterior

Fascinamo-nos com o *feedback* que recebemos de outros países. O fato de nosso trabalho ser significativo para pessoas de culturas diferentes da nossa era uma fonte contínua de surpresa para nós. Quando Elaine falou na Feira Internacional de Livros em Varsóvia, ela pediu à platéia que explicasse a resposta apaixonada ao nosso trabalho na Polônia (*Como falar...* foi um *best-seller* lá!). Um pai lhe disse: "Por vários anos, estivemos sob o regime comunista. Agora temos liberdade política, mas o livro de vocês nos mostra como nos libertarmos com relação a nós mesmos e às nossas famílias".

* * *

Da China, uma mulher escreveu:

Sou uma professora de inglês em Guangzhou, China. Enquanto visitava uma colega de faculdade em Nova York, trabalhei cuidando de Jenifer, uma menininha de cinco anos. Antes de mim, ela tinha tido outra *baby-sitter* de outro país, que fora indelicada com ela. De tempos em tempos, quando se comportava mal, apanhava e era trancada num quarto escuro. Como resultado, Jenifer tornou-se instável e não-sociável. Além disso, com freqüência chorava histericamente.

Nas primeiras semanas, eu aplicava com ela os métodos tradicionais chineses, que dizem às crianças como elas devem se comportar. No entanto, eles não se revelaram efetivos. A menininha chorava histericamente com mais freqüência e ela até mesmo me batia.

A mãe de Jenifer foi tão solidária comigo que até buscou orientação com psicólogo. Ele lhe recomendou o livro de vocês *Como falar para seu filho ouvir e como ouvir para seu filho falar*.

A mãe e eu lemos ansiosamente e fizemos o melhor para usar o que aprendemos dele. Foi provado que é um sucesso.

Jenifer começou a falar mais, e aos poucos nos tornamos boas amigas. "Xing Ying, você lida tão bem com Jenifer", disseram os pais com gratidão.

Agora estou de volta à China e tive um filhinho. Tenho aplicado os métodos que aprendi no livro de vocês para lidar com ele, e se revelaram eficazes. Agora minha vontade é ajudar outros pais chineses a tornar-se mais efetivos e felizes em relação a seus filhos.

* * *

De Victoria, Austrália, uma mãe escreveu:

Usei algumas de suas sugestões com meus filhos e descobri que eles, principalmente os dois mais velhos, que costumavam ser calados, estão falando mais comigo. Quando chegam em casa, da faculdade ou da escola, eu os saúdo com "Fiquei contente de ouvir vocês chegando", ou algo semelhante (e não, "Como foi a escola hoje?"), e recebo um sorriso. Minha filha mais velha, atualmente, tem iniciado conversas comigo em vez de me evitar.

* * *

Uma assistente social que conduziu o programa *Como falar...* em Quebec, Montreal, escreveu para descrever uma visita à família de seu marido em Capetown, África do Sul:

Eu me encontrei com os dirigentes de um Centro de Orientação Familiar naquela região para conhecer o trabalho que eles realizam. O Centro oferece aulas, tanto à população de classe média que vive na redondeza quanto aos moradores de Kayelisha, bairro extremamente pobre nos limites da cidade. Em Kayelisha, as famílias vivem em minúsculas casas feitas de lata, cada uma com apenas um cômodo, sem eletricidade, água encanada ou saneamento básico. O pessoal do Centro dava aulas lá, usando o *Como falar...* como base e traduzindo os quadrinhos para os dialetos africanos, para que os moradores pudessem entender. Eles nos disseram ter mais ou menos dez cópias do livro em sua biblioteca circulante e que elas estão todas gastas e amassadas pelo uso.

Enviarei também uma cópia do livro de vocês mais recente *How to Talk So Kids Can Learn* [Como falar para as crianças aprenderem] para uma amiga de Johannesburgo, que dirige programas educacionais para professores que trabalham distante de centros urbanos, em pequenas comunidades.

Acredito que vocês gostariam de saber o alcance de sua influência!

Pais sob coação

A maioria dos exemplos em *Como falar...* mostrou pessoas lidando com problemas do dia-a-dia, passageiros. Quando uma mulher se aproximou de nós depois de uma palestra e descreveu, com os olhos marejados, como seu relacionamento com seu filho, portador da síndrome de Tourette, tinha se transformado de desesperador e hostil em harmonioso e amoroso, em decorrência de nosso livro, ficamos mais que agradecidas. Desde então, soubemos de muitos outros países que usaram nosso trabalho para lidar com problemas especialmente estressantes ou sérios.

Quase sempre aqueles que nos escrevem nos dão o crédito pelas mudanças ocorridas. Para nós, o crédito é deles. Qualquer um consegue ler um livro. São necessárias determinação e dedicação para estudar as palavras numa página e então usá-las para triunfar em vez de lamentar-se. Eis o que alguns pais fizeram:

* * *

Na minha casa, às vezes, parece que está ocorrendo a Terceira Guerra Mundial. Minha filha (de sete anos) tem Síndrome de Déficit de Atenção, com hiperatividade. Quando toma seu remédio, é possível lidar com ela. Mas quando termina o efeito ela fica fora de controle. (Eu conheço muitos pais de crianças com Síndrome de Déficit de Atenção que precisam recorrer a grupos de apoio.)

Quando li o livro de vocês, eu me perguntei se essas habilidades funcionariam com uma criança com tal problema. Bem, elas funcionam. Agora, noto que se falo com ela dessa nova maneira, quando ela está sem a medicação, isso a ajuda durante o dia todo – particularmente com suas habilidades sociais. Tenho certeza de que se continuar desse modo será útil mais tarde, na vida também. Obrigada pelo livro de vocês.

* * *

Meu marido e eu somos psicólogos. Nosso filho, de oito anos, foi diagnosticado recentemente com Síndrome de Déficit de Atenção, com hiperatividade. Tivemos muitas ocasiões difíceis com ele. Um amigo nos apresentou seus livros *Pais liberados/filhos liberados* e *Como falar para seu filho ouvir e como ouvir para seu filho falar* e descobrimos que eles contêm a abordagem mais efetiva que conhecemos até agora.

Nós dois já havíamos recebido treinamento no uso dos métodos comportamentais, que foram extremamente contraprodutivos com nosso filho. Sua abordagem, baseada em respeito mútuo e compreensão, nos ajudou gradualmente a obter o que queríamos dele, sem tentar controlar tudo o que acontece. Foi um alívio muito bem-vindo!

Sinto que meu conhecimento dos padrões de interação efetivos está apenas no início, mas tenho compartilhado o que aprendi em minha prática clínica. Seus métodos são eficazes em uma ampla variedade de circunstâncias e populações.

Obrigada pela disposição de vocês em compartilhar toda a sua experiência e admitir suas fraquezas. Ela ajudou seus leitores a admitir as suas próprias.

* * *

Descobriu-se que meu filho, Pedro, sofria de ambliopia quando já tinha seis anos. O médico foi categórico: tínhamos seis meses para tratar Pedro com óculos com um "tampão", ou ele correria o risco de ter a visão do olho direito severamente prejudicada. Ele teria de usar a venda quatro horas por dia, no horário das aulas.

É desnecessário dizer que Pedro ficava incomodado e envergonhado. Ele tentava escapar disso todo dia e eu já estava perdendo a paciência. Ele reclamava que lhe causava dor de cabeça, que enxergava pior que nunca e doía. Eu reconhecia seus sentimentos e ao mesmo tempo era firme, mas sua atitude não melhorou.

Por fim, depois de cinco ou seis dias assim, eu estava esgotada. Disse-lhe: "Veja, Pedro, eu vou colocar o tampão nos meus olhos, por quatro horas, para que eu saiba exatamente como é e aí poderemos achar formas de funcionar melhor". Só disse isso porque de fato estava com pena dele, não imaginei que teria o efeito que teve.

Em vinte minutos tive uma dor de cabeça terrível. Perdi a percepção de profundidade e, ao tentar fazer coisas simples como abrir a porta do armário, tirar a roupa da secadora, abrir a porta para o gato sair, ou mesmo subir as escadas, achei as tarefas incrivelmente difíceis. Quando se passaram as quatro horas, eu era um ser infeliz, exausto, que *compreendeu perfeitamente* o que essa criança estava enfrentando.

Conversamos. Embora eu não pudesse mudar o que era preciso fazer, Pedro e eu reconhecemos que vivenciamos as mesmas coisas. De minha parte, como fora difícil e a óbvia inabilidade de lidar com o problema tão bem como ele lidava, aparentemente era tudo de que ele precisava. Desse momento em diante, ele foi capaz de usar o tampão todo dia, religiosamente, durante quatro horas, no horário escolar. Sua visão foi salva e nem mesmo precisou usar óculos.

A lição que aprendi foi que, às vezes, não basta compreender o que a criança está sentindo. Às vezes, você tem de dar um passo extra para "ver as coisas através dos olhos dela".

* * *

Tenho dirigido o *workshop* "Como falar para seu filho ouvir" há vários anos. Desde que tive contato com o primeiro livro de vocês, em 1976, tenho defendido seu trabalho. Naquela época, meu primeiro filho, Allan, era recém-nascido. Ele agora tem 22 anos e sofre de uma grave doença mental. A enfermidade é um transtorno cerebral que é hereditária em minha família. Em função das técnicas que aprendi e também ensino, o prognóstico de Allan é muito melhor que o da maioria dos outros doentes, e sou capaz de ajudá-lo em sua dor e na aceitação de sua incapacidade. Além disso, posso lidar com os altos e baixos de sua montanha-russa emocional usando minhas habilidades.

Quando participo de grupos de apoio para outros pais com filhos com incapacidades semelhantes, percebo que seus métodos tornaram a minha situação toda mais positiva em termos de perspectiva e da capacidade de lidar com ela. Felizmente, seremos capazes de ajudar Allan a continuar progredindo em sua vida e, mais importante, prevenir as recaídas e hospitalizações que ocorrem com tanta freqüência.

Sou imensamente grata pelos 17 anos de experiência usando esses princípios! Os irmãos de Allan também sofrem, por medo de ter a doença e pelo grande desequilíbrio dos recursos da família para lidar com o problema. As técnicas ajudam meu marido e a mim a ser empáticos e conscientes quanto ao sofrimento deles. Seu trabalho tem sido uma grande dádiva para a nossa família.

II  Sim, mas...
E se...
Como...?

Nem todo o *feedback* que recebemos foi positivo. Algumas pessoas mostraram-se desapontadas por não conseguir encontrar ajuda suficiente para os filhos que tinham problemas mais complexos ou sérios. Outros não gostaram, pois suas questões particulares não haviam sido respondidas. Outros ainda ficaram frustrados porque tinham feito um esforço verdadeiro para dizer ou fazer coisas de modo diferente, com pouco ou nenhum sucesso. O refrão comum era: "Eu tentei, mas não funcionou".

Quando perguntávamos o que realmente ocorrera e ouvíamos os detalhes de suas experiências, quase sempre era fácil constatar o que dera errado e por quê. Evidentemente havia algumas idéias que tínhamos de desenvolver melhor. Eis alguns dos comentários e questões que ouvimos, juntamente com as nossas respostas:

Sobre escolhas

Dei a meu adolescente uma escolha e ele se voltou contra mim. Disse-lhe que podia cortar o cabelo e vir para o jantar do Dia de Ação de Graças ou jantar em seu quarto, ele decidiria.

Ele respondeu: "Tudo bem, vou comer no meu quarto". Fiquei chocada. Falei: "O quê? Você faria isso comigo? E com sua

família?". Ele só virou as costas e foi embora. Talvez as escolhas não funcionem para os adolescentes.

Antes que você ofereça a um filho de qualquer idade uma escolha, é bom perguntar a si mesmo: "Ambas as opções são aceitáveis para mim e provavelmente para o meu filho?". Ou essas escolhas na verdade são ameaças disfarçadas? Ele vai achar que estou usando uma técnica para manipulá-lo? Quando empregada da melhor forma, o que se oculta numa escolha deveria ser: "Estou do seu lado. Há algo que quero que você faça (ou não), mas em vez de dar-lhe uma ordem gostaria de dar-lhe alguma voz nesse assunto".

Que escolha você poderia ter dado a seu adolescente sobre seu cabelo? Provavelmente nenhuma. A maioria dos adolescentes já experenciou algum comentário dos pais sobre seu cabelo – o estilo, a cor, o comprimento, a limpeza ou falta dela, como uma invasão de seu espaço pessoal.

Mas suponha que você não consiga se conter? Se você quiser se arriscar a entrar nessa área sensível, aproxime-se com cautela: "Eu sei que não é da minha conta, no entanto, se você pudesse considerar a possibilidade de deixar o barbeiro cortar o cabelo o suficiente para se ver seus olhos, você teria uma mãe agradecida no Dia de Ação de Graças".

Então, saia rápido.

O que você faz quando dá ao filho duas escolhas e ele rejeita ambas? O médico receitou um remédio para a minha filha, que o detesta, e fiz exatamente o que vocês sugeriram. Disse a ela que podia tomá-lo com suco de maçã ou com refrigerante. Ela disse: "Não quero nenhum", e fechou a sua boca.

Quando os filhos têm sentimentos negativos intensos sobre fazer algo, provavelmente não estarão receptivos a nenhuma escolha. Se quiser que sua filha esteja aberta às opções que você lhe oferecer, precisa começar lhe mostrando respeito total pelos seus sentimentos negativos: "Puxa! Percebo, pelo jeito que você está torcendo o nariz, o quanto você detesta a idéia de tomar aquele remédio". Uma afirmação como essa pode relaxá-la. Ela diz: "A mamãe entende e está do meu lado". Agora, sua filha está mais pronta emocionalmente para considerar suas palavras. "Então, querida, o que tornaria menos ruim para você – tomar com suco ou com refrigerante? Ou você consegue pensar em algo que ajudaria – mesmo um pouquinho só." Na realidade, as possibilidades de escolha são infindáveis:

Você quer tomar rápido ou devagar?

Com seus olhos abertos ou fechados?

Com a colher grande ou com a pequena?

Segurando o nariz ou o calcanhar?

Enquanto eu canto ou fico quieta?

Você quer que eu lhe dê ou quer tomar sozinha?

A questão é: algumas coisas são mais fáceis de engolir se alguém entende o quão difícil é para você, e você puder dar uma "opiniãozinha" sobre como fazê-lo.

Sobre as conseqüências

Outra falha na comunicação ocorria quando as conseqüências eram incluídas no processo de resolução de problemas. Uma mãe nos contou o quanto tinha se desapontado quando tentou encontrar uma solução com seus filhos e todos acabaram numa briga feia.

Convoquei uma reunião de família e comuniquei a meus filhos que o veterinário dissera que o nosso cachorro apresentava excesso de peso e não estava se exercitando o suficiente. Estávamos no processo de resolução de problemas juntos e fazendo um bom progresso, decidindo quem se responsabilizaria pelo quê e em que momento, quando meu filho do meio perguntou qual seria a conseqüência se alguém não fizesse a sua parte. O mais velho sugeriu que se ficasse uma noite sem TV. Os outros dois disseram que isso não era justo. Para encurtar, todos nos ferimos nessa discussão sobre como deveria ser uma conseqüência justa e todos se mostraram

enfurecidos uns com os outros, sem um plano para o que fazer com o cachorro. Concluí, portanto, que meus meninos ainda não têm maturidade suficiente para a resolução de problemas.

Não é o mais indicado falar de conseqüências quando se está tentando resolver um problema. Todo o processo é dirigido para criar confiança e boa vontade. Assim que se traz a idéia de conseqüência, se houver falha a atmosfera é envenenada. Criam-se dúvidas, a motivação é anulada e a confiança é destruída.

Quando um filho pergunta qual seria a conseqüência se ele não fizesse a sua parte, o pai ou a mãe pode responder: "Não devemos pensar em conseqüências. Agora, precisamos imaginar um modo que permita ao cachorro se alimentar de maneira saudável e assim permanecer saudável. Portanto, é preciso que todos trabalhemos juntos para que isso aconteça".

"Sabemos que haverá momentos em que não teremos vontade de fazer a nossa parte. Mas a faremos mesmo assim, porque não queremos abandonar os outros ou o nosso cachorro. E se alguém ficar doente ou ocorrer alguma emergência nos revezaremos para fazer o trabalho. Na nossa família, todos cuidamos uns dos outros."

Alternativas ao "mas"

Vários pais queixaram-se de que quando reconheciam os sentimentos de seus filhos eles se mostravam ainda mais chateados. Quando perguntamos exatamente o que tinham dito, o problema tornou-se claro. Cada uma de suas afirmações empáticas incluía um "mas". Apontamos que a palavra "mas" tende a desconsiderar, diminuir ou apagar tudo o que ocorreu antes. Eis as declarações originais dos pais com a nossa sugestão revisada que elimina o "mas".

Afirmação original: "Você parece tão desapontada por perder a festa da Júlia! Mas o fato é que você está com uma gripe forte. Além disso, é só uma festa. Você ainda vai ter muitas festas na vida".

O filho pensa: "Papai não me entende".

Afirmação revisada: (em vez de "desconsiderar" o sentimento, dê-lhe todo crédito) "Você parece tão desapontada por perder a festa da Júlia. Você estava ansiosa para comemorar o aniversário da sua amiga com ela. O último lugar do mundo que você queria estar hoje era na cama, com febre, não é?".

Se o pai for expansivo, pode expressar o que sua filha gostaria: "Você não gostaria que alguém finalmente descobrisse uma cura para a gripe?".

Afirmação original: "Sei o quanto você odeia a idéia de ficar com uma *baby-sitter* de novo, mas preciso ir ao dentista".

O filho pensa: "Você sempre tem um motivo para me abandonar".

Afirmação revisada: (elimine o "mas"; substitua-o por "o problema é...") "Sei o quanto você odeia a idéia de ficar com uma *baby-sitter* de novo, *o problema é* que preciso ir ao dentista".

Qual é a diferença? Como um pai comentou: "O 'mas' parece uma porta fechada na sua cara. 'O problema é que...' abre a porta e o convida a considerar uma solução possível". O filho poderia dizer: "Talvez enquanto você estiver no dentista eu possa brincar na casa do meu amigo". A mãe poderia dizer: "Talvez você possa vir comigo e ler um livro na sala de espera". E pode ocorrer, também, que não haja uma solução que deixe o filho satisfeito. No entanto, reconhecendo que há um problema, tornamos mais fácil ao filho lidar com ele.

Afirmação original: "Sílvia, vejo o quanto você não gostou de seu corte de cabelo. Mas você vai ver, ele vai crescer. Em algumas semanas você nem vai notá-lo".

A filha pensa: "Não me diga! Como se eu não pudesse pensar nisso!".

Afirmação revisada: (elimine o "mas"; substitua-o por "mesmo que você saiba...") "Sílvia, vejo o quanto você não gostou de seu corte de cabelo. *E mesmo que você saiba* que ele vai crescer ainda assim aposto que gostaria que tivessem lhe ouvido quando pediu que cortassem só dois centímetros".

Ao iniciar sua afirmação com "mesmo que você saiba", você dá crédito à inteligência de sua filha e faz sua afirmação sem desconsiderar a dela.

Por que você...? Por que você não...?

Alguns pais queixaram-se porque sentiram que foram supercompreensivos com seus filhos e só receberam respostas hostis.

Como uma madrasta, recém-chegada, tenho muita consciência de como é importante não ser crítica com as crianças. Deixo a disciplina para o pai. Mas quando ele estava viajando, e o professor mandou um bilhete dizendo que o relatório de meu enteado estava atrasado, sabia que eu teria de lidar com isso. Fui muito calma. Só lhe perguntei, de modo amigável, por que ele não tinha entregado seu relatório a tempo, e ele explodiu comigo: Por quê?

Qualquer frase que comece com "Por que você...?" ou "Por que você não...?" pode ser percebida como uma acusação. A pergunta força a criança a pensar em seus erros. Além do seu amistoso "Por que você não", ele pode ouvir: "Não é porque você é preguiçoso, desorganizado, irresponsável e um atrasado crônico?".

Agora ele está exposto. Como ele pode responder a você? Restam-lhe duas escolhas insustentáveis. Ou ele assume suas inadequações ou pode tentar se desculpar e arranjar desculpas para elas: "Porque a lição não estava clara...", "Porque a biblioteca estava fechada..." etc. Em qualquer caso, ele fica mais aborrecido consigo mesmo, com mais raiva de você, e é menos provável que pense em como remediar a situação.

O que você poderia substituir para que o leve a uma reação não-defensiva? Você pode devolver o problema a seu enteado e oferecer-lhe seu apoio. Ao entregar-lhe o bilhete de seu professor, você poderia dizer:

"Isso foi dado para o papai e para mim, mas você é a pessoa que vai saber como cuidar disso. Se há algo que está impedindo que você comece seu trabalho ou o termine, ou se você quiser alguém para trocar algumas idéias, estou aqui."

Sobre "dar um tempo"*

Vários pais mostraram-se desapontados ao ler todo o livro e não encontrar nada sobre "dar um tempo". Inicialmente ficamos surpresas com o comentário. Tínhamos criado seis filhos, nós duas, sem nunca mandar ninguém para o castigo. Então, pouco a pouco, começamos a notar em numerosos livros e artigos de revistas a defesa do castigo como um novo método de disciplina, uma alternativa humana para a surra, e a instrução de pais quanto a aplicar precisamente o procedimento com sucesso.

Como podíamos não considerá-lo? A explicação parecia quase razoável. Ao mandar o filho malcomportado para outro espaço ou local, com nada para distraí-lo – nem livros, nem brinquedos ou jogos – e insistindo em que ele se sentasse lá por um período de tempo específico, um minuto para cada ano de vida –, a criança logo veria seus erros e voltaria arrependida e bem-comportada.

Mas quanto mais pensávamos nisso e líamos sobre o castigo em todas as suas variações gostávamos menos. Parecia-nos que o castigo não era nem novo nem inovador, mas uma versão atualizada da prática ultrapassada de fazer uma criança "malvada" ficar no canto.

Perguntávamo-nos: suponha que Caio bata em sua irmãzinha porque ela puxou várias vezes seu braço enquanto ele tentava desenhar, e a mamãe, furiosa, o manda "passar um tempo" em sua cadeira de castigo. Ela alega que isso é melhor que bater no Caio por ele ter batido na sua irmã. Mas o que poderia passar pela mente de

---

* *Time-out*: Deixar a criança num canto para que ela "supostamente" se acalme.

Caio enquanto está sentado lá? Ele está pensando: "Agora aprendi minha lição. Não devo nunca mais bater na minha irmã, não importa o que ela faça". Ou ele está sentindo: "Não é justo! A mamãe não se importa comigo. Ela só se importa com a boba da minha irmã. Vou bater nela quando a mamãe não estiver olhando". Ou ele está concluindo: "Eu sou tão mau que mereço ficar sentado aqui sozinho".

Acreditamos que a criança que está se comportando mal não precisa ser banida da companhia dos membros de sua família, mesmo temporariamente. No entanto, ela precisa ser impedida e redirecionada: "Caio, sem bater! Você pode dizer à sua irmã, *com* palavras, como fica furioso quando ela puxa o seu braço quando você está tentando desenhar".

Mas suponha que Caio lhe diga isso e ela continue a puxar seu braço? E imagine que Caio bata nela de novo. Isso não exige castigo?

Mandar Caio para a "solitária" pode impedir o comportamento na hora, mas não resolve o problema subjacente. O que Caio precisa não é de *castigo*, mas de tempo sozinho *com* um adulto que se importa, que o ajude a lidar com seus sentimentos e imagine formas melhores de trabalhar com eles. A mãe poderia dizer: "Não é fácil ter uma irmãzinha que está sempre puxando você para chamar sua atenção. Hoje ela o deixou tão furioso que bateu nela. Caio, não posso deixar nenhum de meus filhos bater no outro. Precisamos fazer uma lista de coisas que você pode fazer, em vez de bater, se ela o incomodar de novo enquanto você estiver tentando desenhar".

Quais são algumas alternativas à atitude de bater?

- Caio poderia gritar: "Pare!", na cara dela, bem alto.
- Ele poderia empurrar o braço dela, delicadamente.
- Ele poderia dar-lhe outra coisa para brincar.
- Ele poderia desenhar quando sua irmã estivesse dormindo.
- Ele poderia desenhar em seu quarto, com a porta fechada.
- Se nada mais funcionar, ele pode chamar a mamãe para ajudar.

Caio pode pendurar sua lista de soluções onde quiser e consultá-la quando houver necessidade. Ele não precisa mais se ver como alguém que age tão mal quando está bravo, que precisa ser expulso, mas como uma pessoa responsável que tem muitas maneiras de lidar com sua raiva.

Sobre o cônjuge e outras pessoas importantes

Alguns de nossos leitores compartilharam uma frustração em comum. Eles não encontraram nada no livro sobre como lidar com um marido/esposa resistente.

Eu estou tentando mudar a forma com que falo com os meus filhos, mas estou sendo sabotado(a) por minha (meu) esposa/marido, que não me acompanha em minha nova abordagem. Vocês sugerem algo?

Quando a mesma pergunta surgiu em uma de nossas palestras, perguntamos às pessoas da platéia o que elas haviam feito. Eis as respostas:

- Comento com meu marido sobre as mudanças que *eu* estou tentando fazer. Desse modo, ele se sente incluído no processo, mas não sente nenhuma pressão de ter de mudar ele mesmo.

- Deixamos o livro no carro. Quem não está dirigindo lê um pouco em voz alta e então conversamos!

- Meu marido não leria livros sobre educação de filhos. Ele é da linha "Qual a diferença sobre o que você diz, desde que seus filhos saibam que você os ama?". Finalmente eu lhe disse: "Veja, quando decidimos ter filhos, sabíamos que queríamos fazer o certo com eles. Não pensaríamos em vesti-los com trapos ou alimentá-los com comida ruim. Do mesmo modo, por que falaríamos com eles de maneira que não é saudável – especialmente se há opções melhores disponíveis? Nossos filhos merecem o melhor – de nós dois".

- Tento envolver meu marido, pedindo seu conselho sobre a melhor forma de lidar com certas situações com nossos dois filhos. Digo algo como: "Querido, preciso da sua ajuda. Essa é uma área em que não tenho experiência, já que nunca fui um menino. O que acha que faria você querer cooperar – se sua mãe dissesse isso ou aquilo para você". Geralmente, ele logo responde, mas às vezes pensa no assunto e traz alguma solução em que eu nunca pensaria.

- Minha esposa odeia quando lhe digo o quê ou como falar. É melhor eu usar as habilidades sozinho e não dizer nada. Algo deve estar sendo assimilado porque outro dia, quando ela estava se apressando para sair, minha filha se recusou a vestir sua malha. Em vez de brigar, ela lhe deu uma escolha. Ela lhe perguntou se queria vestir *normal* ou *de trás para a frente*. Minha filha riu, escolheu *de trás para a frente* e saiu.

O poder da brincadeira

Vários pais cobraram o fato de não incluirmos um capítulo sobre humor. Em nossa defesa, lhes explicamos que quando estávamos escrevendo o capítulo sobre incentivar a cooperação na realidade debatemos os prós e os contras de incluir o humor. Sabíamos que fazer algo diferente ou inesperado podia mudar o humor de furioso para alegre em segundos. Mas como podíamos pedir aos pais, com tudo o mais que tinham de fazer, que fossem "divertidos". Então nos limitamos a dois pequenos parágrafos sobre humor. Grande erro! Descobrimos que os pais são divertidos. Mesmo aqueles que não acreditam que possam ser. Em qualquer ocasião que tínhamos um *workshop*, em qualquer lugar do país, e pedíamos aos pais muito sérios, adultos, que entrassem em contato com sua parte brincalhona, divertida, boba e engraçada, eles o faziam. Eles traziam os exemplos mais divertidos sobre o que podia ser feito ou do que tinham feito para melhorar seu humor e dissipar a resistência de seus filhos.

* * *

Às vezes, meu filho de três anos recusa-se a se vestir porque quer que eu o vista. Quando ele se mostra assim, ponho sua cueca em sua cabeça e tento pôr as meias em suas mãos. É claro que ele me diz que eu estou vestindo errado e então veste sua cueca e calça as meias. Então, diz: "Viu, mãe, é assim que se veste!". Finjo estar completamente surpresa e tento pôr suas calças em seus braços ou a camisa em suas pernas. A brincadeira sempre termina com risadas e abraços.

* * *

Para conseguir que meu filho escove os dentes, inventamos os germes – Geraldina e Joe – que se escondiam. Então, escovávamos cada dente enquanto eles cantavam: "Estamos fazendo a festa na boca do Benjamin". Então eles gritavam quando ele os escovava e berravam quando os cuspia na pia. Eles gritavam: "Nós vamos voltar!".

* * *

O desafio de manter um mínimo de ordem em qualquer casa, com crianças de qualquer idade, parecia gerar as soluções mais criativas. Eis o que alguns pais fizeram para motivar seus filhos a ajudar em casa ou arrumar a bagunça.

Estamos tentando estabelecer algumas regras para encorajar nossa nova família "prolongada" – os três dela (sete, nove e onze anos) e meus dois (dez e treze) – a se entender melhor. Discutir sobre quem faz quais tarefas tem sido realmente o ponto fraco. Agora, todo sábado de manhã, escrevemos todas as tarefas que precisam ser feitas em folhas de papel separadas. Então nós as dobramos, colocamos em balões de cores diferentes, assopramos e jogamos todos os balões para cima. Cada filho pega um balão, estoura, faz a tarefa, volta e espera o seguinte. E assim se dá até que as tarefas sejam feitas e nós nos felicitemos pelo nosso grande trabalho em equipe!

* * *

Sou um pai que cuida da casa e recentemente arranjei um novo modo de lidar com toda a bagunça que as crianças fazem. Pego meu baralho e tiro as figuras. Então, cada menino pega uma carta que lhe diz quantas coisas ele tem de guardar. Eles ficam muito animados quando contam o que guardaram e voltam correndo para ver qual será sua próxima carta. Na última vez em que fiz assim, toda a arrumação terminou em 20 minutos, e as crianças ficaram desapontadas porque o jogo havia terminado.

* * *

CENÁRIO: Um quarto com duas meninas. Peças de quebra-cabeças em todo o piso.

MÃE: "Crianças, isso chama *Você consegue vencer a música?* Vou colocar uma fita, e o jogo é ver se vocês conseguem guardar todas as peças nas suas caixas, antes que termine a segunda música".

Elas aceitaram e guardaram tudo em duas músicas e meia.

* * *

Tenho quatro meninos. Pelo menos 50 vezes por dia grito para eles guardarem os sapatos. A primeira coisa que fazem, quando chegam em casa, é tirar os sapatos e deixá-los no meio da sala e eu sempre tropeço em oito sapatos.

INSPIRAÇÃO: Escrevi *sapatos* em um papel, amarrei um barbante nele e pendurei na entrada da cozinha, de forma que eles esbarrem nele quando chegarem em casa.

296

Celso, de oito anos, é o primeiro a chegar. O bilhete esbarra no seu cabelo quando ele entra na cozinha.

CELSO: O que é isso?

EU: Leia!

CELSO: Sapatos? O que quer dizer?

EU: O que você acha?

CELSO: Vamos comprar sapatos novos hoje?

EU: Não.

CELSO: (*pensando*) Você quer que a gente guarde os sapatos?

EU: Adivinhou!

Celso guarda os sapatos! Volta e explica o bilhete aos três irmãos que *guardam os seus sapatos!!!*

CELSO: Você devia fazer um cartaz como esse para lavar as mãos.

* * *

Meus adolescentes odeiam limpar o banheiro. ("Mã, é chato!") Não discuti. Só pendurei um bilhete no espelho em cima da pia. Eis a poesia que fez a mágica:

> Agarrar o cometa e um trapo,
>
> Esfregar e alisar – oh! Que atraso!
>
> Extremidades, bordas, ângulos e fendas,
>
> Não se esqueça de onde está o espanador
>
> Sim, com certeza, leva um tempo,
>
> Mas um trabalho bem-feito é uma maravilha!
>
> Obrigada,
>
> Com amor,
>
> Mamãe

* * *

A mãe que nos ofereceu esta história intitulou-a "Nada dura para sempre".

Eu queria que todos os trens e trilhos fossem tirados da sala de estar, então fui ao quarto do meu filho e fingi que estava telefonando para ele. Trim, trim!

Ele fingiu atender: "Alô!".

Eu perguntei: "É da construtora de trens?".

Ele respondeu: "Sim".

Eu disse: "Eu tenho uma obra grande, levar uns trens pesados e trilhos para outro endereço, e ouvi dizer que a sua companhia é a melhor".

Ele veio e guardou tudo. Tentei uma segunda vez e funcionou de novo. Então, um dia, telefonei e perguntei: "É da construtora de trens?".

Meu filho respondeu: "Fechou!".

III
Sua língua materna

Nosso mentor, o dr. Haim Ginott, não nasceu nos Estados Unidos. Ele veio de Israel para esse país, quando era um jovem adulto. Foi lá que estudou para seu doutorado, publicou seus livros e conduziu grupos de orientação de pais. Quando começamos a participar de seus grupos, lembramos que nos queixávamos a ele de como era difícil mudar velhos hábitos: "Começamos a dizer algo aos filhos, paramos e tropeçamos em nossas línguas". Ele ouviu pensativamente e então respondeu: "Aprender um novo idioma não é fácil. Por alguma razão, você sempre vai falar com um sotaque... Mas para seus filhos será sua língua materna!".

Suas palavras foram proféticas. Elas não só se aplicaram aos nossos filhos, como também aos filhos de nossos leitores. Ouvimos de muitos pais como seus filhos estavam usando essa nova língua da forma mais natural. Eis suas experiências como nos contaram, ou escreveram:

* * *

Sou uma mãe que trabalha fora e tenho uma agenda cheia. Meu filho de três anos odeia levantar cedo, e em geral é muito irritadiço. Então, normalmente digo: "Você está com preguiça hoje de manhã, né?". Ele responde: "É!", sente-se melhor e colabora mais.

Um dia acordei irritada porque estava atrasada. Ele olhou para mim preocupado e disse: "Você está com preguiça, mãe? Eu gosto muito de você, assim mesmo". Fiquei surpresa de como ele foi perceptivo. Ele me fez sentir melhor e meu dia foi ótimo!

* * *

Minha filha de quatro anos, Roseli, disse a seu irmão: "Edgar, eu não gosto quando você bate em mim". (Em geral, ela bate de volta nele.) Ele respondeu: "Tá bom" – e acabou! Então, a Roseli me disse que tinha usado sua nova habilidade e ela tinha funcionado. Ela estava surpresa e orgulhosa de si mesma.

* * *

Hoje eu estaria internada se não fossem seus feitiços. Só para que vocês saibam o quanto uso seus métodos, minha filha (de quase cinco anos) falou recentemente, depois que lhe disse que era hora de dormir: "Mas, mãe, quais são as minhas escolhas?". (Ela adora quando lhe pergunto se ela quer andar para a cama ou pular nela.)

Outro dia estávamos brincando e ela era a mamãe; então, me disse: "Querida, pode ficar com um jeep ou um carro esporte. Você escolhe!".

* * *

Meu filho de quatro anos, Dani, está sentado no chão com seu amigo Christopher. Estão brincando com animais de brinquedo e tendo uma briga de mentira. De repente, ela se transforma numa briga de verdade.

CHRISTOPHER: Dani, pare! Você está machucando a minha mão.

DANI: Você está me machucando!

CHRISTOPHER: Mas eu tinha! Você estava apertando a minha mão!

DANI: Eu tinha, porque você estava apertando *a minha mão*!

EU: (*Pensando que deveria intervir, mas sem certeza do que dizer.*)

DANI: Um minuto. (*agacha-se e pensa*) Christopher, essas são as nossas escolhas: nós podemos brincar com os animais e *não* ficar apertando as mãos... ou podemos *não brincar* com os animais e brincar de outra coisa. O que você *escolhe*?

CHRISTOPHER: Vamos brincar de outra coisa.

E foram correndo! Sei que é difícil acreditar, mas aconteceu de verdade.

* * *

Certo dia, depois do café-da-manhã, eu me dirigia para o quarto da minha filha, pensando sobre o que mais eu poderia fazer em vez de dar-lhe um longo sermão, sobre não deixar a caixa de leite sobre a pia. Mas meu filho de oito anos foi mais rápido, já estava fora de seu quarto, dizendo: "O leite azeda quando fica fora da geladeira!".

Para a minha surpresa, a porta se abriu e minha filha de seis anos foi imediatamente para a cozinha guardar o leite.

* * *

Eu estava na sala e ouvi essa conversa, de minha filha Liz de dez anos, e sua amiga Sharon, que estava procurando algo no armário da cozinha.

SHARON: (*resmungando*) Estou com fome. Por que sua mãe guarda as coisas gostosas tão alto? Ela nunca deixa onde é fácil pegar.

LIZ: Sharon, na nossa casa nós não criticamos. Diga-me o que você quer e eu pego para você.

Fiquei lá pensando que a gente tenta, tenta e nunca sabe se está conseguindo. Então, um dia acontece!

* * *

O principal que aprendi em seu livro é que não há problema em estar com raiva – desde que você não diga nada que fira alguém. Eu costumava tentar manter a calma e engolir tudo e sempre acabava gritando coisas das quais me arrependia. De fato, ultimamente tenho deixado as crianças saber mais cedo quando estou começando a me sentir irritada ou sem paciência, ou quando só preciso de algum tempo sozinha.

Ontem recebi minha recompensa.

Estava fazendo compras com Rui, meu filho de treze anos, que tinha crescido muito no verão e precisava de um novo casaco de inverno. Fomos a duas lojas e não achamos nada de que ele gostasse. Estávamos a caminho de uma terceira, quando ele disse: "Vamos para casa".

EU: Rui, quando o primeiro dia frio chegar, você não terá nada para vestir.

RUI: Mãe, por favor, vamos para casa.

EU: Mas, Rui...

RUI: Mãe, estou tentando lhe dizer! Estou percebendo que estou ficando de mau humor e não quero descarregar em você.

Quando fomos para casa, senti muito orgulho por ter sido tão considerada por ele. Obrigada por terem dado a meus filhos e a mim formas de nos protegermos mutuamente quando estamos prestes a "perder a calma".

* * *

Faz um mês que estou participando de seu *workshop* "Como falar...". Recentemente tive uma conversa com meu filho de oito anos que quero compartilhar com vocês.

ÉRICO: (*quando estava descendo do ônibus da escola*) Adivinhe o que aconteceu hoje, no recreio?

EU: Estou ouvindo.

ÉRICO: Michael arranjou problema porque ele bateu em alguém e a professora gritou com ele. Ele começou a chorar e ela lhe disse para parar e o chamou de bebê chorão.

EU: Você deve ter se sentido mal de ver isso acontecer ao Michael.

ÉRICO: É! Coloquei meu braço nele assim. (*Ele curva seu braço em volta de um menino invisível e dá palmadinhas no ombro invisível.*)

EU: Aposto que isso fez o Michael se sentir melhor.

ÉRICO: Hã, hã! A professora devia ir nessas aulas que você está indo, mãe.

Acredito que o novo modo com que estou falando e ouvindo meu filho o ajudou a tornar-se uma pessoa mais sensível, que não permanece apenas passivo quando vê injustiça.

* * *

Até agora, temos visto as crianças usando as habilidades. Nesta carta final, uma mulher descreve sua própria jornada para internalizar esse "novo idioma".

Quando estou aqui sentada, sentindo as lágrimas de alegria, revelação e orgulho, tenho de escrever e agradecer. Mil "obrigadas" a vocês. Hoje percebo o quanto eu mudei, quanto estou pondo em prática naturalmente. Foi um pequeno incidente. O primo de nove anos de meu filho de três estava nos visitando. Ele estava mostrando ao meu filho como empilhar blocos para que ele pudesse alcançar o alto da cerca. Olhei para fora e disse em uma voz calma e amigável: "Ei! Vejo uma pilha de blocos que é perigosa. E as cercas não são para subir. Pés no chão, por favor".

Então fui embora. Olhei para fora da janela uns minutos depois *e eles tinham desfeito a pilha e estavam brincando de outra coisa – de modo seguro!* Ocorreu-me, repentinamente, que eu tinha obtido mais que o resultado desejado (que eles se afastassem da pilha) sem:

1. Ter de pensar primeiro qual de suas habilidades aplicar. As palavras só fluíram, naturalmente.
2. Gritar como uma bruxa – o resultado usual do meu imenso medo, diante da imagem do dano que poderia ocorrer com meu filho.
3. Ser parte física da correção. Mesmo depois de dizer minha fala, não foi uma decisão consciente sair da cena. Só aconteceu. Eu só fui embora e os deixei decidir o que fazer. Foi tão inconsciente sair da cena que nem me ocorreu até tê-lo feito, até me sentar para escrever esta carta! Estou aprendendo! Estou aprendendo! Viva!

Mais tarde refleti e não vou escrever como eu teria lidado com essa situação há um ano. Nesse momento me encolhi. Então choro em pensar sobre como seria a vida de meus filhos sem seus livros. Vocês me deram a capacidade de gostar de mim mesma. Eu, uma perfeccionista, viciada em trabalho, filha adulta de um alcoólatra, adquiri a dádiva incrível de me comunicar com meus filhos preciosos de uma forma amorosa, não crítica.

Minha mãe e eu recentemente derramamos lágrimas quando refletimos como ela falava conosco quando éramos crianças: "Quando eu ouço como você fala com seu filho, sinto-me envergonhada de como eu falava com vocês quando eram pequenos". Fui rápida para perdoar. Ela é rápida para aprender. Ela também está estimulada pelos sentimentos agradáveis que uma mãe ou avó podem expor depois de um sucesso.

Minha irmã – tendo recentemente se libertado de um marido abusivo – falava com seus filhos com um tom tão humilhante que chegou a ponto de eu não conseguir permanecer mais em sua companhia. Eu sentia tanto pelos seus filhos que não tolerava mais ouvir. Comprei-lhe *Como falar...* e *Siblings Without Rivalry* [Irmãos sem rivalidade] e sugeri que ela só folheasse os quadrinhos das partes mais importantes e os olhasse por curiosidade, com a esperança de que ficasse atraída. Minha mãe conta que está vendo uma mudança no modo que minha irmã está se comunicando com seus filhos. A auto-estima de outras duas crianças está sendo salva pelos seus livros.

Realmente não consigo transmitir o quanto lhes sou grata por compartilharem suas habilidades.

Jane

P.S.: O alcoolismo é horrível e minha família ainda não consegue admitir. Desse modo, não posso revelar meu sobrenome.

Obrigada, Jane. Obrigada a todos vocês que despenderam tempo para escrever suas idéias e experiências. É quando lemos cartas como essas, daqui e do exterior, que estamos nos permitindo novamente nossa fantasia mais querida: aquela em que todos nós juntos – pais, professores, profissionais de saúde mental e coordenadores de *workshops* – dissipamos os princípios de comunicação amorosa, tão longe e amplamente, que chegará o tempo em que as crianças do mundo crescerão para se tornar seres humanos fortes, com compaixão, confiantes em si próprios e comprometidos a viver em paz uns com os outros.

ADELE FABER   ELAINE MAZLISH

Especialistas em comunicação entre adultos e crianças, reconhecidas internacionalmente, Adele Faber e Elaine Mazlish conquistaram a gratidão de pais e o aval da comunidade profissional.

Seu primeiro livro, *Pais liberados/filhos liberados* recebeu o prêmio Christopher por "conquista literária que afirma os mais altos valores do espírito humano". Seus livros seguintes, *Como falar para seu filho ouvir e como ouvir para seu filho falar* e o best-seller nº 1 do *Times*, *Siblings Without Rivalry* [Irmãos sem rivalidade], venderam três milhões de exemplares e foram traduzidos para mais de vinte idiomas. Seu *workshop* para grupos, vídeos produzidos pela PBS estão sendo usados atualmente por milhares de pessoas no mundo. Seu livro mais recente, *How to Talk So Kids Can Learn – at Home and at School* [Como falar para as crianças aprenderem – em casa e na escola], foi citado pela revista *Child* como o "melhor livro do ano para excelência em assuntos de família e educação".

As autoras estudaram com o falecido psicólogo infantil dr. Haim Ginott e são ex-membros da The New School for Social Research em Nova York e The Family Life Institute da Universidade de Long Island. Além de suas freqüentes palestras nos Estados Unidos e no Canadá, elas apareceram nos maiores shows de TV, desde *Good Morning America* a *The Oprah Winfrey Show*. Atualmente residem em Long Island, Nova York, e cada uma é mãe de três filhos.

Agradecemos a sua participação nesta pesquisa. Por favor, preencha o questionário a seguir e envie suas respostas para o endereço abaixo. Se você estiver interessado(a) em participar de nossos cursos (*workshops*) "Como falar para seu filho ouvir", "Irmãos sem rivalidade", "Como falar para seu aluno aprender" (para professores) e "Como melhorar sua auto-estima", entre em contato conosco.

Questionário

Nome: _____

Endereço: _____

Telefone: _____

Cidade: _____

E-mail: _____

Como resultado de sua leitura, gostaríamos de saber sua opinião sobre alguns aspectos:

Quanto você acha que melhorou após ter lido este livro (assinale uma alternativa de 0 a 5):

	Nenhuma mudança			Muita mudança		
1. Como você ouve seus filhos	0	1	2	3	4	5
2. Como você fala com seus filhos	0	1	2	3	4	5
3. Seus filhos falam mais com você	0	1	2	3	4	5
4. Seus filhos ouvem mais você	0	1	2	3	4	5

Gostaríamos de ouvir suas dúvidas, sugestões e seus comentários:

_____

_____

_____

_____

ADRI DAYAN, DINA AZRAK e ELISABETH C. WAJNRYT

Av. Angélica, 1814 – 1º andar – sala 103 – Cep: 01228-200

Telefone – 3661-8310

E-mail: dayan5@terra.com.br

São Paulo – SP – Brasil

www.gruposummus.com.br